As mais belas e eternas
# histórias de nossas origens
## em Gn 1-11

**Dados Internacionais de Catalogação na Publicação (CIP)**
**(Câmara Brasileira do Livro, SP, Brasil)**

Faria, Jacir de Freitas
  As mais belas e eternas histórias de nossas origens em Gn 1–11 : mitos e contramitos / Jacir de Freitas Faria. – Petrópolis, RJ : Vozes, 2015.

  Bibliografia
  ISBN 978-85-326-4914-0

  1. Bíblia. AT. Gênesis – Comentários 2. Bíblia. AT. Gênesis – Crítica e interpretação I. Título.

14-11959                           CDD-222.1106

Índices para catálogo sistemático:
1. Gênesis : Interpretação e crítica   222.1106

As mais belas e eternas
# histórias de nossas origens
em Gn 1-11

*Mitos e contramitos*

Jacir de Freitas Faria

EDITORA VOZES

Petrópolis

© 2015, Editora Vozes Ltda.
Rua Frei Luís, 100
25689-900 Petrópolis, RJ
www.vozes.com.br
Brasil

Todos os direitos reservados. Nenhuma parte desta obra poderá ser reproduzida ou transmitida por qualquer forma e/ou quaisquer meios (eletrônico ou mecânico, incluindo fotocópia e gravação) ou arquivada em qualquer sistema ou banco de dados sem permissão escrita da editora.

**Diretor editorial**
Frei Antônio Moser

**Editores**
Aline dos Santos Carneiro
José Maria da Silva
Lídio Peretti
Marilac Loraine Oleniki

**Secretário executivo**
João Batista Kreuch

*Editoração*: Maria da Conceição B. de Sousa
*Diagramação*: Sheilandre Desenv. Gráfico
*Capa*: Sarah David
*Ilustração de capa*: Gustave Doré. Ilustração para Bíblia Sagrada.
França, 1866. ©ruskpp | Shutterstock

ISBN 978-85-326-4914-0

Editado conforme o novo acordo ortográfico.

Este livro foi composto e impresso pela Editora Vozes Ltda.

*Aos meus alunos da turma de 2013 do Curso de Teologia do Instituto Santo Tomás Aquino. Por meio deles agradeço aos alunos dessa instituição que me ajudaram a gestar este livro: Neuzira, Ivone, Marizette, Belkis, Tatiane, Maria Aparecida, Lorena, Rogerio, Rogerio Faria, Mizael, Geraldo, Robério, Iran, Daniel, Milton, Dener, Fábio, Ewerton, Gustavo, Roberto e Demilton.*

*A todos os meus alunos das três primeiras turmas do Curso de Teologia do Colégio Santo Antônio: Ana Paula, Andréa Julia, Anselmo Ronaldo, Beatriz Bicalho, Carla Aparecida, Carla Della Cote, Cirene Ferreira, Cláudia Dolabela, Coraci Queroga, Délcio Geraldo, Eduardo de Almeida, Eugênia Maria, Fátima Maria, Hely Lembi, Ir. Maria Amélia, Isaura Cristina, Ivana Cruz, José Carvalho, José Mauricio, Lizangela Gonçalves, Maria das Dôres, Maria do Carmo, Maria Luiza, Maria Teresinha, Mario Assis, Maurizia Drummond, Monique de Souza, Patrícia Gonçalves, Roberto Antônio, Roberto Reis, Ronise Fernandes, Rosângela Ferreira, Sandra Regina, Silvana de Fátima, Silvia Regina, Solange Montezuma, Sônia Lopes, Terezinha Lopes, Vera Sueli, Wanusa Campos, Wilma de Jesus, Yana Coelho, Ângela Sena, Bruno de Lim, Cecilia Gonçalves, Cléia Aurora, Gisele Maria, Glória Silvana, Gustavo Franco, Janice Pena, João Marcos, Leliana Chiari, Leonardo Miranda, Luísa Paiva, Margareth Lopes, Maria das Graças, Miriam Gontijo, Mônica Paiva, Tereza Aparecida, Zélia Paiva; Adriana Campos, Alessandra Nascimento, Alvair José, Ana Lucia, Andréa Camilo, Antônia Aparecida, Beatriz Leite, Cláudio Otávio, Edna Ferraz, Elma Filomena, Elza Therezinha, Iêda Viana, Isnard Bezerra, Kelly Reina, Leda Lúcia, Marcia Vaz, Maria Angélica, Maria Aparecida, Maria Aparecida, Maria da Glória, Maria de Fátima, Maria do Céu, Maria Helena, Maria Helena Teixeira, Maria Lucia, Mírian Batista, Raquel Neves, Sandra Maria, Vania Lucia, Vera Cristina, Sandra, Sandra Helena e Gustavo.*

*Ao meu pai, Jazi, que voltou ao paraíso celeste no Domingo de Ramos de 2011. Aos meus novos sobrinhos-netos: Alice, Ana Laura, Pedro Henrique, Sophia, Lukas, Isabela e Filipe.*

# Sumário

*Prefácio*, 9

1 A Bíblia e suas formas literárias narrativas, 11

2 Mitos bíblicos, 14

3 Mitos indígenas, 17

4 Contramito, conto, saga, lenda, novela, fábula e milagre, 20

5 Outras formas literárias, 34

6 Mitos e contramitos em Gn1–11, 36

7 Contexto do exílio na Babilônia, 37

8 Para compreender os mitos e contramitos, 41

9 Gn 1,1–2,4a: a criação em sete dias como contratamito ao mito da criação babilônico, *Enûma Elîsh*, 43

10 O mito babilônico da criação *Enûma Elîsh*, 44

11 Resistências ao mito babilônico (I), 51

12 Gn 2,4b–3,24: mito da condição humana no paraíso e fora dele, 62

13 Elementos mitológicos: nudez, costela, jardim, árvores, ser humano e serpente, 65

14 Gn 2,4b–3,24 como fonte de inspiração, 76

15 Gn 4,1-16: mito da condição violenta do ser humano, seu destino e relação com o sagrado – Caim fez bem ou mal ter matado Abel?, 78

16 Elementos mitológicos: Caim, Abel, oferenda, animal acuado, campo, sinal no errante, 83

17 Condição conflituosa do ser humano, 96

18 Gn 6,5–9,17: mito da recriação do mundo e do ser humano e sua relação com outros mitos de dilúvio, 98

19 Genealogia: a multiplicação da vida na terra antes do dilúvio, 100

20 Gn 6,5–9,17 e sua relação com os mitos de Gilgamesh e Maxacali, 109

21 Elementos mitológicos: Noé, arco-íris e bênção, 114

22 A recriação em Gênesis e sua atualização, 118

23 Genealogia: a multiplicação da vida na terra depois do dilúvio, 126

24 Gn 11,1-9: contramito Torre de Babel ao mito da fundação de Babilônia, 128

25 Comparando os mitos Babilônia, Esagila e Torre de Babel, 133

26 Relação entre o Sl 137 e Gn 11,1-9, 135

27 Estrutura de Gn 11,1-9, 137

28 A semântica de substantivos e verbos utilizados, 139

29 Resistências ao mito babilônico (II), 141

30 Genealogia: a multiplicação da vida na terra depois de Babel, 144

31 Gn 1–11: o grande mito fundacional do povo de Deus, 145

*Referências*, 149

# Prefácio

O ser humano, na sua essência, é sempre um perguntador. Por que existimos? De onde viemos? Para onde vamos? Como surgiu o ser humano? Qual o valor do Sagrado em nosso existir? Ele é determinante? Nas mais variadas épocas do existir humano e de diversos modos, várias respostas foram dadas a essas perguntas. Muitas delas se tornaram eternas e se transformaram nas mais belas histórias de nossas origens.

O ensaio que ora empreendemos quer ser um modo de compreender os mitos de Gn 1–11, os quais versam sobre a origem do mundo e do ser humano. Muitos desses relatos serão interpretados como contramitos, isto é, oposição em forma de resistência a outro mito, o babilônico. O nosso foco será o de compreender o modo de Israel se firmar como povo escolhido no tempo e no espaço da história humana, resistindo às investidas do opressor babilônico, fazendo uso do gênero literário narrativo. Por outro lado, não deixaremos de considerar outros mitos de origem do Egito, Canaã e até mesmo dos indígenas brasileiros, sobremaneira os do povo maxacali.

Você, caro leitor, terá a oportunidade de, primeiramente, conhecer as formas literárias do gênero narrativo na Bíblia e, depois, mergulhar nos mitos de Gn 1–11: as mais belas e eternas histórias de nossas origens. Juntamente com os evangelhos, Gn 1–11 é uma das páginas mais conhecidas e populares entre judeus, cristãos e muçulmanos. Elas revelam o lado sagrado da humanidade. Em outras épocas – Idade Média –, tendo como base Gn 1–11, o ser humano cristão se mostrou religioso por demais. O medo do inferno e o desejo do paraíso fizeram dele um devotado e piedoso ser. Em tempos modernos não podemos afirmar o mesmo.

A todos desejamos boa leitura! Após compreender a nossa interpretação, confronte-a com a que você já traz no seu coração. Reconte esses mitos e contramitos. Eles dependem de você e de sua fé para continuarem vivos. Eles são histórias, não da carochinha, mas da experiência com Deus, transmitidas por meio do gênero literário narrativo, para continuarem eternas na eternidade do tempo e dos seres humanos, ainda que mortais.

*Frei Jacir de Freitas Faria, ofm*
www.bibliaeapocrifos.com.br
bibliaeapocrifos@bibliaeapocrifos.com.br

# 1

# A Bíblia e suas formas literárias narrativas

Antes mesmo de comentar Gn 1–11 na perspectiva do mito e do contramito, urge compreender a forma como a palavra bíblica é revelada. Assim, podemos falar de gênero literário, meio do qual uma cultura se utiliza para expressar o seu modo de pensar e agir. Como os modos de expressão de pessoas e grupos são diversos, diversos são os tipos de gêneros de textos, isto é, literários. Conforme o estilo do escritor, o gênero literário se apresenta em suas mais variadas formas literárias, como poesia, prosa, historiografia, cântico, mito, conto, saga, lenda, sentenças diretas e casos. Cada povo, ao seu modo, transmite a sua cultura, fazendo uso de gêneros literários. E cada um de nós se identifica com esse ou aquele gênero. Há quem goste de filme policial, mas há quem deteste esse gênero. Mas quem não gosta de uma piada? Há quem escreva de modo complicado, difícil de entender. E há quem tem o dom de escrever simples, profundo e elegante. E todos os escritos têm seu valor e público específicos[1].

Os gêneros literários podem ser considerados narrativos ou normativos. O primeiro refere-se a narrativas, e o segundo, a leis. As passagens de Gn 1–11, objeto de nosso estudo neste ensaio, enquadram-se no gênero literário narrativo. Este aparece na Bíblia em diversas formas, como mito, conto, saga, lenda, alegoria, comparações, elipse, hipérbole, litotes, metáforas, metonímias,

---

1. Uma apresentação didática das formas literárias na Bíblia encontra-se em RODRIGUES, M.P. (org.). *Palavra de Deus, palavra da gente*. São Paulo: Paulus, 2004.

parábolas, anedota, fábula, novela, teofanias, sonhos, milagres. Esse gênero é chamado de narrativo por apresentar formas originais de narração. Muitas vezes, no entanto, as diferenças entre eles não são tão claras. Todos se relacionam. Tudo parece ter um quê de mito. O conto pode ter um conteúdo mítico. Muitas vezes é tênue a passagem entre um gênero e outro. Israel não criou esse tipo de linguagem, mas a adaptou. Na Bíblia, o gênero literário narrativo aparece em vários textos, como veremos a seguir.

## Mito

O substantivo mito é muito usado por todos nós. Sempre que queremos explicar algo que não entendemos, afirmamos que é um mito. Da mesma forma, usamos a terminologia mito para definir uma mentira, coisa sagrada, utópica, modelo etc. Os dicionários definem mito como mentira, lenda, fábula, algo imaginário e que se opõe ao pensamento lógico. Essa é uma definição tendenciosa. Não podemos usufruir dela para entender os mitos bíblicos. O pensamento do povo da Bíblia está em outra dimensão. São várias as características[2] de um mito, a saber:

1) Tem a ver com o mundo dos deuses.

2) Refere-se a um mistério, a uma crença atemporal.

3) Narra coisas que acontecem, mas que não aconteceram.

4) Está ligado diretamente ao transcendente e à sua relação com o terreno.

5) Conta com a atuação decisiva dos deuses nos fatos narrados.

6) Possui uma lógica própria.

7) Não é irracional, mas racional a seu modo.

8) É parte essencial das culturas e dos povos.

---

**2.** Uma boa introdução aos gêneros literários narrativos e suas tradições, a qual seguimos em nossa análise, encontra-se em SELLIN, E. & FOHRER, G. *Introdução ao Antigo Testamento*. Vol. 1. São Paulo: Paulinas, 1978, p. 103-126.

9) É sinal de resistência cultural.

10) Está mais preocupado com o sentido da história que com o fato histórico.

11) Tem caráter de universalidade.

12) Procura dar respostas e sentido aos acontecimentos fundantes da existência humana em relação ao sagrado.

13) Ao ser lido ou contado, ativa o imaginário coletivo.

14) Resgata a origem das culturas.

15) É antigo e sempre atual.

16) É sempre atualizado pelo rito que o celebra.

Em síntese, o mito é o modo que a linguagem humana encontrou para explicar as coisas a partir do Sagrado, de Deus, não importando o tipo de fé e a cultura da qual ele provém. Mesmo não tendo um caráter puramente religioso, vivenciamos, na atualidade, a era do mito da publicidade, do desenho animado, da ficção. Os meios de comunicação conhecem muito bem o lado mítico que mora dentro de cada um de nós. Ninguém diz de forma natural, diante de uma propaganda televisiva, que o que se está vendo é mentira! O enunciado é acolhido com naturalidade. E não só a mídia faz uso do mito. A criança e o poeta estão sempre falando miticamente. O mito jamais desaparecerá. Ele é eterno. Precisamos do mito para resistir e viver o drama da vida.

# 2

# Mitos bíblicos

Em se tratando do mundo bíblico, Israel conheceu vários mitos oriundos das culturas cananeia, egípcia, babilônica e mesopotâmica. Muitos desses mitos influenciaram os mitos bíblicos. Na Bíblia, não encontramos um mito no seu estágio puro, mas narrativas míticas, as quais, numa sociedade já estabelecida, fortalecem o imaginário coletivo da sua origem divina. O mito tem como característica fundamental o politeísmo. Israel, no entanto, soube conferir aos mitos advindos de outras culturas o caráter monoteísta. Na verdade, o grande problema para identificar o mito na Bíblia é o fato de ele ter uma dimensão essencialmente politeísta e mágica, fatores expurgados dos textos bíblicos. Falemos, então, de narrativa bíblica de cunho mítico, nas quais Deus intervém falando com os seres humanos. Ele tem atitudes próprias do humano, tais como irar, ter compaixão, vingar etc. Ele fala com animais.

Eis alguns textos bíblicos que trazem elementos míticos:

1) Gn 1,1–2,4a: a criação ocorre em sete dias e é proveniente de um estado caótico primitivo.

2) Gn 2,4b–3,24: a condição humana no paraíso e fora dele. A criação e o paraíso. O homem é formado da terra, e a mulher, que se torna a mãe dos viventes, da sua costela. O ser humano recebe alimentos para sobreviver. Ocorre a traição e a consequente expulsão do paraíso. O ser humano não pode ser igual a Deus.

3) Gn 4,1-16: a violência nas origens e sua relação com o sagrado e o humano. Dois irmãos em confronto e um fratricídio.

4) Gn 6,1-4: a história dos gigantes, seres nascidos da união entre seres celestiais e as filhas dos homens.

5) Gn 6,5–9,17: o dilúvio: a recriação do mundo e do ser humano.

6) Gn 11,1-9: a Torre de Babel explica a origem de um poder opressor impedido por Deus de continuar existindo. Não se trata de confusão de línguas, mas de dispersão da Babilônia.

7) Ex 19,1–20,21: aliança e Decálogo com elementos do mito do Sinai na vida de Israel.

8) Ex 20,8-11; 31,12-17; 35,2-3: o sábado como dia sagrado de descanso é um mito para Israel.

9) Is 51,9-11: vitória de Deus criador sobre as forças do caos primitivo.

10) Is 27,1: Javé, o Deus de Israel, vence os monstros do caos.

11) Sl 19,5: Javé é o sol da justiça.

12) Sl 104,6-9: a passagem pelo Mar Vermelho.

13) Hab 3; Is 14,13; 27,1; 28,15; 29; 51,9-10; Jo 7,12; Sl 48,3; 74,13-14; 89,10-17; 93; 136,13: poesias mitológicas com vários elementos, como morte, trono, voz de Deus etc.

14) Jó 3,8: luta mítica de Deus contra os monstros do caos primitivo, Leviatã.

15) Jó 38,10-11: a criação.

A partir dessas indicações, percebe-se que Gn 1–11 é o espaço privilegiado do elemento mítico de Israel. Os textos de Gn 1–11 têm a função de falar de um e de todos os que o leem ou ouvem contar o mito descrito. Quem lê a história de Adão e Eva se vê qual outro Adão e Eva. A frase: "Com sofrimento te nutrirás do solo todos os dias de tua vida" (Gn 3,17c) é a explicação dada ao trabalho sofrido de homens e mulheres nos dias em que esse texto foi escrito e para as gerações futuras. E é Deus que interfere no agir humano e dá a sentença condenatória.

Os textos míticos da Bíblia querem ser uma resposta às perguntas fundamentais do ser humano que faz a experiência com o Deus dos pais e da libertação do Egito. Eles são criados tendo em vista a relação pessoal entre Deus e o ser humano[3]. Afirmar que Deus está na origem é dizer tudo. Nesse sentido, o Pentateuco como um todo é um grande mito fundacional[4]. Todos os relatos do Pentateuco estão revestidos de um caráter mítico de origem e historiográfico, isto é, sem cunho histórico. Deus é o criador. O mito do Sinai não é histórico enquanto tal, mas revelador da presença de Deus, que instaura uma aliança com seu povo. Assim, a origem de Israel está inevitavelmente ligada ao êxodo e à libertação do Egito. Se antes houve um dilúvio, o período do Egito/Sinai passa a ocupar o seu lugar. O Pentateuco termina sem a conquista da terra para dizer que esta será sempre o sonho a ser alcançado. Deus deu a terra, mas devemos conquistá-la. E isso também é mito. O mito da entrada na terra.

O mito não é propriedade exclusiva do mundo bíblico. Ele está presente em culturas bem próximas à nossa. Antes mesmo de voltar ao mundo bíblico, convém perceber o alcance do mito na cultura indígena brasileira.

---

**3.** Cf. SELLIN, E. & FOHRER, G. *Introdução ao Antigo Testamento*. Op. cit., p. 109.

**4.** Cf. CROATTO, S. "O mito como interpretação da realidade – Considerações sobre a função da linguagem e estrutura mítica do Pentateuco", *Ribla*, 23, 1996, p. 16-22. Petrópolis: Vozes.

# 3

# Mitos indígenas

As culturas indígenas brasileiras criaram vários mitos para explicar a sua criação, o poder do homem sobre a mulher etc. Vejamos dois deles. No primeiro, explica-se que o fazer guerra, matar pertence ao homem branco, pois ele não recebeu nenhum dom da divindade. No segundo mito conta-se como as mulheres indígenas maxacalis descobriram o "segredo", o poder dos homens.

## A criação segundo o povo indígena amazonense Desana

O povo Desana, etnia que habita o noroeste do estado do Amazonas, interpreta a criação da seguinte forma:

*No princípio, quando o mundo não existia, uma mulher conhecida como* Yebá Buró, *ou a Avó do Mundo, gerou cinco homens Trovões. Eles é que deveriam criar a futura humanidade, mas não conseguiram. Então ela criou o Bisneto do Mundo,* Yebá Gõãmu, *e depois seu irmão,* Umukomahsu Boreka. *Os dois irmãos e o Terceiro Trovão saíram para criar a futura humanidade e para isso levaram todas as riquezas que possuíam. O Terceiro Trovão se transformou em uma cobra grande e desceu até o fundo do Lago de Leite. Essa cobra, também chamada de Canoa de Transformação, tinha os dois irmãos como comandantes e se deslocava como um submarino. Eles criaram casas embaixo d'água e em cada lugar que paravam faziam rituais com as riquezas que haviam levado. Estas riquezas se transformaram em gente. Depois disso, os irmãos criaram as línguas dos diferentes grupos que ainda hoje vivem na região do alto rio Negro. Na volta, a Canoa de Transformação levou os humanos até uma cachoeira. Foi lá que eles pisaram na terra pela primeira vez.* Yebá Gõãmu, *o Bisneto do Mundo, não foi a terra, mas deu origem ao chefe dos Tukano, que foi o primeiro a descer da cobra-canoa. Depois foi* Boreka, *o chefe dos Desana, que desceu. O terceiro foi o chefe dos Pyra-Tapuyo, o quarto o dos Siriano, o quinto foi o chefe dos Baniwa e o sexto a sair foi o chefe dos Maku. O Bisneto do Mundo deu a todos eles alguns objetos e o poder de serem tranquilos, de fazerem grandes festas e de conviverem bem com muita gente. O sétimo a sair foi o homem branco, que tinha uma espingarda na mão.* Yebá Gõãmu *não lhe deu bens, mas disse que seria uma pessoa sem medo, que faria guerra para roubar a riqueza dos outros. O branco, depois de dar um tiro com sua espingarda, seguiu em direção ao sul para fazer guerra*[5].

## No tempo em que as mulheres conheceram os segredos dos homens

O povo maxacali, habitantes do Vale do Jequitinhonha, região nordeste de Minas Gerais, contam o mito de como as mulheres conheceram os segredos dos homens, da seguinte forma:

*Houve um tempo em que os homens viviam sempre em reuniões na casa dos homens. As mulheres de longe os observavam. Elas ficavam curiosas e se perguntavam: – Por que será que eles são assim? O que acontece lá? Mas não lhes era permitido nunca entrar no recinto dos homens. Um dia, pensaram: – Precisamos saber! Quando os homens foram para a caça, elas foram até a roça e no meio do mandiocal encontraram uma linda cobrinha colorida. Era um sinal. Aqui está. Vamos comê-la. E prepararam a cobra e todas comeram. Limparam bem a boca. E então compreenderam tudo. Ficaram sabendo do segredo dos*

---

**5.** Cf. DA SILVA, A. "Mitos e cosmologias indígenas no Brasil: breve introdução". In: GRUPIONI, L.D. (org.). *Índios no Brasil*. São Paulo: Secretaria Municipal de Cultura, 1992, p. 75-83.

*homens. Quando os homens chegaram, elas fingiam que nada aconteceu, pois tinham medo da reação deles. No entanto, um marido viu sua mulher rindo e perguntou: – O que é isso? Ela não tinha limpado bem os dentes e ali tinha ficado uma casquinha da cobra pregada no seu dente. Os homens se revoltaram, pois elas descobriram o segredo deles. As mulheres correram apavoradas para dentro do rio, onde se esconderam com suas crianças meninas com medo de serem mortas. E todos os dias os homens iam espiá-las, pois sentiam falta delas. Só havia homens nas aldeias. Sempre que as mulheres viam um homem, pulavam dentro d'água. Até que um dia um homem pegou uma menina que não conseguiu fugir. Levou-a para casa e a prendeu lá. A mãe ficava triste. A menina chorava. Ele então disse para a mulher que ela podia ver sua criança. – Você pode ir amamentá-la pelo buraco da parede, disse. Ela foi, e ele a flechou. Matou-a e pintou-a toda e colocou-a no meio do caminho para as mulheres verem. As mulheres encantadas se revoltaram e também mataram um homem e fizeram do mesmo jeito. E fugiram para não mais voltar. Então, aquele homem se casou com a menina e tiveram filhos e filhas que também se casaram.*

# 4

# Contramito, conto, saga, lenda, novela, fábula e milagre

## Contramito

*Contramito* é um neologismo criado por nós para conferir uma nova interpretação a alguns mitos de Gn 1–11. Como o próprio termo indica, contra é oposição. Chamemos esse contra de *resistência*. Resistência a quê? Ao pensamento e à cultura babilônicos que oprimiam os exilados.

Partimos da afirmativa de que a maioria dos mitos de Gn 1–11 foi escrita no exílio da Babilônia (587-536 antes da Era Comum – a.E.C.)[6] e no pós-exílio. Tendo ouvido e convivido com a ideologia dominante, o povo reafirmava a sua fé em Deus, contando miticamente a sua experiência de fé. Era como se dissessem: "O deus de vocês age assim, mas o Nosso é diferente do deus de vocês".

### *Contramitos em Gn 1–11*

Analisaremos Gn 1–11 na perspectiva do contramito, especificamente as seguintes passagens:

1) Gn 1,1–2,4a: a criação em sete dias como contramito ao mito babilônico da criação, *Enûma Elish*.

2) Gn 6,5–9,17: o dilúvio como recriação do mundo e do ser humano e sua relação com outros mitos.

---

**6.** Usamos as terminologias antes da Era Comum (a.E.C.), Era Comum (E.C.), Primeiro Testamento (PT) e Segundo Testamento (ST) por razões ecumênicas e em respeito para com os judeus.

3) Gn 11,1-9: a Torre de Babel como contramito ao mito da fundação de Babilônia, no *Enûma Elish*.

## Conto

O conto pode ser definido como um mito que se realiza esfera humana. O dicionário Aurélio define conto como narração falada ou escrita, engodo, mentira, invenção. É muito popular entre nós a expressão "conto do vigário". Ela traduz a ação de alguém que, usando da boa-fé da vítima, conta-lhe uma história mentirosa de cunho verossímil, para apanhar dinheiro. Conta-se que em Portugal (século XIX), pessoas de má-fé carregavam malas, que diziam estar cheias de dinheiro e que foram enviadas pelo Vigário, e que, para deixá-las, precisavam de uma quantia de dinheiro para seguir viagem. Assim, eles enganavam a muitos, e destes se diz que "caíram no 'conto do Vigário'".

Outras características do conto são:

1) Realiza-se em ambiente humano e terreno.

2) Apresenta seres divinos inferiores (anjos) que se relacionam com os humanos de modo amigável ou de inimizade.

3) Procura encontrar resposta para o destino de cada indivíduo no seu contexto universal.

4) Procura mostrar que o que ocorre com um indivíduo pode ocorrer com qualquer outro mortal.

5) Narra coisas que acontecem, mas que não aconteceram.

6) Não está ligado ao espaço, nem ao tempo, nem às leis da casualidade.

7) É permeado de fantasia e realidade, com final positivo.

Assim como em relação ao mito, temos na Bíblia elementos de um conto em um texto. Menos verdade é a influência das culturas egípcias, babilônicas na formulação de contos na Bíblia. Os contos na Bíblia são:

1) Gn 11,27-32: descendência de Taré.

2) Gn 12,10-20: Sara: a esposa-irmã de Abraão diante do faraó do Egito.

3) Gn 19,26: a mulher de Lot que virou sal.

4) Gn 20,1-18: Sara: esposa-irmã de Abraão diante do Rei Abimelec.

5) Gn 22,20-24: descendência de Nacor.

6) Gn 25,1-18: descendências de Cetura, Ismael e a morte de Abraão.

7) Gn 25,19-34: Jacó, o pastor, Esaú, o caçador: amizade e astúcia nas origens contadas de forma fabulosa.

8) Gn 26,1-11: Rebeca: a esposa-irmã diante dos homens de Gerasa.

9) Gn 27: Rebeca: a trapaça que retira a bênção de Esaú.

10) Gn 29,1-30: os dois casamentos de Jacó com duas filhas de Labão: Raquel e Lia.

11) Gn 31,1-55: Jacó foge da casa de Labão e esse vai ao seu encontro.

12) Gn 32,1-32-33,20: Jacó retorna a Canaã, luta contra Deus e reencontra o irmão Esaú.

13) Gn 35,1-29: no caminho entre Siquém e Hebron, Jacó se encontra com Deus, vê o seu filho Benjamim nascer e a sua esposa amada Raquel e seu pai Isaac morrerem.

14) Gn 37,12-36: José é vendido por seus irmãos.

15) Gn 39: José e a esposa de Putifar.

16) Ex 4,1-5: a vara de Moisés que se transforma em cobra.

17) Nm 22,1–24,25: oráculos de Balaão e a sua jumenta que falou.

18) Jz 6,1-40; 7,1-25; 8,1-35: narrativas a respeito do Juiz Gedeão.

19) Jz 13; 14,1-20; 16,1-31: narrativas do herói e Juiz Sansão.

20) Rt 1–3: história de uma mulher estrangeira que entrou na genealogia do Rei Davi.

21) 1Sm 8: instituição da monarquia em Israel.

22) 1Sm 9,1-37: Saul encontra as jumentas do pai e é escolhido para ser rei.

23) 1Sm 11,1-15: Saul divide em pedaços uma junta de bois e os envia às tribos de Israel, convocando-as para a luta contra os amonitas.

24) 1Sm 17: o pequeno Davi e o gigante Golias.

25) 1Sm 24–26: Davi poupa a vida de Saul. História de Nabal e de Abigail.

26) 2Sm 15,1-37: revolta de Absalão e a fuga de Davi.

27) 2Sm 16,1–20,3: histórias de Davi, Siba, Absalão, Semei e Seba.

28) 1Rs 11,29-40; 12,1-32; 13,32; 14: divisão do reino de Salomão patrocinada pelo seu General Jeroboão.

29) 1Rs 17,7-16; 2Rs 4,1-7: a panela de farinha e a ânfora de óleo que jamais se esgotavam nem se esvaziavam.

30) 1Rs 17,17-24: Elias ressuscita o filho de uma viúva.

31) 1Rs 18: Elias, no Monte Carmelo, vence os profetas de Baal e faz chover.

32) 1Rs 19: encontro de Elias com Deus no Monte Horeb.

33) 1Rs 20: guerra contra os arameus: ciclo de Elias.

34) 1Rs 3,16-28: Salomão julga a atitude de duas mães.

35) 2Rs 9,1-37: história do Rei Jeú.

36) 2Rs 10,1-28: massacre da família do Rei Acab.

37) 2Rs 2,8-13: o manto de Elias que divide as águas.

38) Tobias: o conto de uma família de exilados tementes a Deus.

39) Jonas: o conto de um profeta desobediente.

Os contos narrados na Bíblia nos oferecem vários elementos de ensinamentos religiosos, os quais Israel incorporou na sua fé e escreveu de modo historiográfico.

## Saga

A saga é uma narrativa que procura demonstrar o sentido, a origem, por exemplo, de um nome, lugar ou costume, bem como justificar os elementos que culminaram em algo extraordinário. Saga é também a história/historiografia de um grande herói ou de um povo. O alemão diz *sagen* para o verbo falar, narrar, donde provém saga. Saga é, portanto, uma explicação de algo.

Duas sagas em torno do mesmo fato são possíveis, como no caso da morte do gigante filisteu, Golias de Gat, que veremos a seguir.

As sagas na Bíblia são:

1) Gn 12-36: explicação da origem das tribos de Israel a partir de seu patriarca primeiro, Abraão.

2) Gn 16,1-15; 21,8-21: saga da mulher que complicou a história da salvação, Agar, e de seu filho, Ismael, para explicar a origem dos ismaelitas.

3) Gn 19,1-29: a destruição das cidades de Sodoma e Gomorra, bem como o fato de a mulher de Lot ter se tornado uma estátua de sal, explica o fato de o Mar Morto não ter vida e a situação geológica do lugar, isto é, composta de sal, inclusive com uma montanha em forma humana.

4) Gn 19,30-38: narrativa sobre o relacionamento sexual das filhas de Lot com o próprio pai, do qual nasceram os filhos Amon e Moab, para explicar a origem dos povos amonitas e moabitas.

5) Gn 21,22-31: narrativa do encontro no poço de Abraão e Abimelec de Gerasa, seguido de um juramento e sete cordeiros selecionados por Abraão, para explicar a origem do nome Bersabeia: "poço do juramento" ou "poço dos sete".

6) Ex 2,1-10: saga do bebê Moisés, que foi colocado em um cesto nas águas do Nilo e salvo pela filha do Faraó, para explicar o lugar Egito, onde o povo de Deus foi salvo da fome, viveu oprimido por mais de 400 anos e foi libertado por Moisés, o tirado das águas.

7) Ex 17,8-15: os braços levantados de Moisés, que garantem a vitória de Israel, sob a liderança de Josué, sobre os amalecitas.

8) Ex 32: Moisés desce da montanha, após receber as tábuas da lei, e se irrita com o povo que estava adorando um bezerro de ouro.

9) Js 10: façanhas do herói Josué, que vence os inimigos e pede a Deus para parar o sol, em Gabaon.

10) Jz 3–16: feitos dos juízes, líderes do povo que possibilitaram a Israel viver de forma igualitária o seu projeto de vida como povo de Deus e na defesa dos inimigos.

11) 1Sm 11,13-14: Saul, o herói, que liberta Israel dos amonitas.

12) 1Sm 17,1-54: saga do pequeno herói, Davi, que vence o gigante filisteu, Golias de Gat, com apenas uma pedra arremessada de um estilingue.

13) 1Sm 26: encontro dos heróis de Israel, Saul e Davi, no deserto.

14) 2Sm 21,19: Eljanan, filho de Jair de Belém, matou Golias de Gat.

15) 1Cr 20,5-7: Jonatan, filho de Simá, irmão de Davi, matou um gigante de Gat.

16) 1Rs 22,34-49: narrativa da morte do rei de Israel, Acab.

## Lenda

A lenda tem muita semelhança com a saga; no entanto, ela se distingue, na Bíblia, pelo seu caráter religioso, isto é, narrando historiografias de seres humanos, lugares e cultos, nos quais se manifesta o sagrado, o divino, tornando-os modelos a serem seguidos.

Algumas sagas e lendas bíblicas foram assimiladas de outros povos por Israel, que as personalizou – afirmando que tal experiência foi vital para o personagem da história; nacionalizou – ligando os fatos a seus antepassados e tribos; teologizou – Deus desempenha um papel fundamental na narrativa; javeizou – relacionando o fato com Javé, o Deus de Israel[7].

O esquema narrativo[8] de uma lenda profética é composto de:

1) Situação da crise.

2) Súplica pela intervenção do profeta.

3) Dúvida sobre a possibilidade de uma solução.

4) Instrumentos para o milagre.

5) Palavras durante a realização do milagre.

6) Efeito produzido.

7) Reações dos presentes e/ou consequências.

Como veremos nos exemplos a seguir, encontramos lendas referentes a santuários, cultos, costumes, profetas, sacerdotes e mártires.

As lendas bíblicas são:

1) Gn 16,7-14: manifestação de Deus a Agar em *Beer-La-Cai-Roi* para justificar a sacralidade de tal santuário.

2) Gn 17,9-21: Deus pede a Abraão que ele e todos os homens sejam circuncidados, fato que iria justificar, mais tarde, esse costume na vida dos israelitas. Trata-se de uma lenda cultual com elementos da tradição histórica.

---

**7.** Cf. SELLIN, E. & FOHRER, G. *Introdução ao Antigo Testamento.* Op.cit., p. 116-117.

**8.** Cf. DA SILVA, C.M.D. *Leia a Bíblia como literatura.* São Paulo: Loyola, 2007, p. 47.

3) Gn 22: sacrifício de Isaac como lenda cultual em torno do sacrifício humano e um ato que outros povos praticavam, mas que Israel, não.

4) Gn 28,10-22: Deus se manifesta em sonho a Jacó, em Betel, onde ele constrói um altar para manifestar a vontade divina da sacralidade do local para as gerações futuras, tornando-se uma lenda de santuário.

5) Gn 34: Dina, mulher deflorada por Siquém e sem direito de voz diante do fato. Trata-se de uma lenda que apresenta a vingança como uma atitude aceitável por Deus para resolver o conflito estabelecido entre Israel e outro povo, que ultrajou os seus princípios de fé javista, que deviam ser seguidos por todos;

6) Gn 35: lenda de santuário. Jacó constrói um altar em Betel, isto é, *Casa de El*. Jacó reconhece a sacralidade do local.

7) Gn 38,18-20: Jacó constrói um altar e chama o local de "Deu, Deus de Israel". Lenda de santuário.

8) Ex 4,24-26: a mulher de Moisés circunda o seu filho e, passando o sangue da circuncisão nos pés de Moisés, declara que esse é seu esposo de sangue. Essa sua atitude é uma lenda de rito (culto) que justifica a circuncisão israelita.

9) Lv 9,24: um fogo desceu sobre a tenda. Lenda que justifica a importância do templo.

10) Nm 21,4-9: o povo blasfema contra Deus, no deserto. Serpentes aparecem e muitos morrem de suas picadas. O povo implora a Moisés, que faz, a pedido de Deus, uma serpente de bronze que curaria quem a mirasse. Trata-se de uma lenda cultual da serpente que cura, da qual permaneceu uma imagem, até o ano 700 a.E.C., no Templo de Jerusalém[9].

---

**9.** Cf. SELLIN, E. & FOHRER, G. *Introdução ao Antigo Testamento*. Op. cit., p. 113.

11) Dt 27,5-7: lenda de santuário. Moisés ordena ao povo erigir um altar no Monte Ebal.

12) Js 5,2-9: Josué circuncida os israelitas nascidos no deserto, após a saída do Egito, no local chamado Corte dos Prepúcios. Essa é também uma lenda que justifica o rito da circuncisão.

13) 1Sm 2,12-17: lenda pessoal que relata a corrupção dos filhos do sacerdote no templo.

14) 1Rs 8,3-5: a arca da Aliança é conduzida ao Templo de Salomão, fato que justifica a importância desse templo para o povo.

15) 1Rs 17: Elias faz milagres e ressuscita o filho de uma viúva. Trata-se de uma lenda profética, o que será retomado com seu sucessor Eliseu e na prática de Jesus.

16) 2Rs 2,19-22: O Profeta Eliseu transforma a água salobra de uma cidade em potável, causando o temor e a admiração de todos. Trata-se de uma lenda profética.

17) 2Rs 4,1-7.8-37.38-41.42-44; 6,8-23: Eliseu ressuscita um morto e realiza vários milagres no meio de seu povo, todos eles considerados lendas proféticas.

18) 2Rs 5,1-27: O leproso Naamã, chefe do exército do rei de Aram, procura Eliseu para ser curado. Ele chega a Israel com carta de apresentação do seu rei, inimigo de Israel. Ele realiza o milagre por meio das águas do Rio Jordão. Essa narrativa lendária teve como objetivo demonstrar o poder do Deus de Israel, que deve ser adorado e respeitado por todos os povos.

19) Dn 1–6: Lenda pessoal em torno a Daniel.

20) 1Cor 11,23-25; Lc 22,15-20: Explicação da lenda da instituição da Ceia do Senhor em um contexto de culto.

## Novela

Novela é uma saga de uma pessoa importante na história de um povo. Novela é, na verdade, uma saga bem-elaborada, com introdução, conflito, desenvolvimento da trama, clímax da narrativa, final feliz[10].

A novela é uma trama universalmente válida, mas realista, com nomes, locais e eventos ocorridos, mesmo que de forma ficcional. Diante de uma situação conflituosa, procura-se uma solução, a qual envolve muitos personagens. O interessante é que um final, feliz ou não, é apresentado para o fato em questão. Quem acompanha a novela se envolve com a trama, esperando uma solução, se emociona, apresenta uma solução possível para o conflito. Em nossos dias, novelas televisivas fazem muito sucesso.

As novelas bíblicas não mentem, elas simplesmente apresentam historiografias – a arte de escrever a história sem a preocupação real do ocorrido – de personagens que iluminam a realidade do povo de Deus a partir da fé. Assim, as novelas associam as tradições da história de Israel de modo historiográfico, nas quais personagens se tornam exemplos para o povo judeu do passado e do futuro.

Na Bíblia, são exemplos de novelas os seguintes episódios e livros:

1) Gn 37–50: narrativa novelística histórica e historiográfica de um herói, José, filho de Jacó, com elementos da tradição monárquica, colocando-se favorável à adoção desse sistema em Israel.

2) Gn 38: história de Tamar e Judá. Tamar entrou na genealogia bíblica por ter feito o homem Judá, seu sogro, cumprir o seu papel de procriador. De prostituta, ela tornou-se uma heroína e não foi sacrificada.

---

**10.** Cf. RODRIGUES, M.P. *Palavra de Deus, palavra da gente*. São Paulo: Paulus, 2004, p. 100-101.

3) Rute: novela de uma mulher estrangeira, uma moabita que fez história entre os judeus ao adotar seu Deus e ser considerada como um antepassado do Rei Davi. Essa novela denuncia a imposição do Esdras (séc. IV), no seu projeto de raça pura, de exigir do povo judeu que expulsasse do meio deles as mulheres estrangeiras, as quais eles haviam desposado no período do exílio babilônico (587-536 a.E.C.). Nacionalismo e defesa da mulher são os temas recorrentes dessa novela.

4) Ester: mulher exemplar, que chega a ser rainha na Pérsia, onde os judeus viviam e estavam para ser exterminados pelo Rei Amã. Ester intervém em favor de seu povo e o liberta do opressor, chegando a destruí-lo por intermédio de seu primo Mardoqueu, que assume o poder. Essa novela teve tanta influência na vida do povo judeu que, ainda hoje, eles celebram uma para lembrar o fato, a festa do purim, o *Dia da Sorte*.

5) Tobias: judeu, nascido no norte da Palestina, na tribo de Naftali, um exilado na Assíria. Homem que não deixou de seguir os costumes da fé judaica, de ser solidário com os seus irmãos, mesmo quando se viu pobre. Ele educou seu filho na fé de seus pais e se manteve fiel, mesmo na situação de desgraça. A novela de Tobias e sua família é um exemplo a ser seguido por todos os judeus.

6) Judite: uma heroína judia, como o seu próprio nome indica. Essa mulher conclama o povo a manter-se fiel à lei e às promessas divinas. Deus é fiel, mas o povo, não. Judite cortou a cabeça do opressor, Holofernes, e salvou o seu povo. A novela leva o povo a perceber a ação de Deus por mãos de uma mulher fiel, um exemplo de vida.

## Fábula

Fábula é uma forma literária, uma narrativa alegórica em prosa ou verso. Na fábula, animais ou elementos da natureza ganham forma humana, no agir e falar. Eles transmitem uma mensagem, normalmente de cunho moral, para os humanos. São consideradas fábulas as seguintes narrativas:

1) Jz 9,8-15: As árvores resolvem eleger um rei para governá-las. Nenhuma delas aceita o convite, mas somente o espinheiro.

2) Nm 22: Balaão tem uma burrinha que usa de palavras para dar-lhe uma mensagem divina.

3) 2Rs 14,9: Joás, rei de Israel, manda mensagem para Amasias, rei de Judá, fazendo uso de árvores: "O espinheiro do Líbano manda dizer ao cedro do Líbano: 'Dá tua filha por esposa ao meu filho', mas os animais selvagens do Líbano passaram e pisaram o espinheiro".

## Milagre

Milagre – forma literária específica que demonstra o lado divino e messiânico da pessoa de Jesus no anúncio do Reino de Deus – não é propriedade exclusiva do Segundo Testamento. Ele provém do mundo helenístico, sendo adotado pelo judaísmo e cristianismo, sobretudo.

No Primeiro Testamento, por vezes é dito que Deus age por meio de prodígios (milagres) em favor do seu povo. A memória da libertação do Egito é descrita nos salmos e profetas como sendo um grande milagre. Fatos extraordinários e curas também não faltam no Primeiro Testamento. No Segundo Testamento, o milagre ocupa o lugar das lendas proféticas do Primeiro. Em Atos dos Apóstolos, são os discípulos que realizam milagres em nome de Jesus[11]. Notório também é o fato de os milagres de Elias serem repetidos por Eliseu e, posteriormente, por Jesus.

Os relatos de milagres nos evangelhos podem ser separados em quatro grupos: cura, exorcismos, ressurreições e inter-

---

11. Cf. DA SILVA, C.M.D. *Leia a Bíblia como literatura.* Op. cit., p. 47.

venções na natureza[12]. Jesus mesmo tinha consciência de que a sua ação era milagreira. Ele mesmo manda dizer a João Batista, que lhe enviara mensageiros para lhe perguntar se ele era o enviado de Deus: "Voltem e contem a João o que vistes e ouvem: os cegos recuperam as vistas, os paralíticos andam, os leprosos são purificados, os surdos ouvem, os mortos ressuscitam e a boa-nova é anunciada aos pobres" (Lc 7,22-23).

O esquema utilizado na narrativa de um milagre é:

1) Introdução, descrevendo o ambiente do encontro.

2) O problema e os esforços para superá-lo.

3) A súplica do pedinte.

4) A intervenção de Jesus.

5) O efeito produzido.

6) A reação do povo e daquele que recebeu o milagre.


Exemplos de milagres na Bíblia:

1) Js 10,12-14: Josué intervém e pede a Deus que pare o sol, em Gabaão, e a lua, no Vale de Ayalon, o que, de fato, ocorre.

2) Jz 6,36-40: a lã de Gedeão permanece seca debaixo do sereno.

3) 1Sm 1: Ana, a estéril, concebe Samuel, aquele que se tornaria profeta e último dos juízes.

4) 1Rs 17,17-24: o Profeta Elias ressuscita o filho de uma viúva.

5) 2Rs 5,1-20: o Profeta Eliseu cura a lepra de Naamã, chefe do exército do rei de Aram.

6) Dn 3: três jovens e devotos judeus, após serem acusados de não adorar a estátua de ouro erigida pelo rei da Babilô-

---

**12.** Cf. RODRIGUES, M.P. *Palavra de Deus, palavra da gente*. São Paulo: Paulus, 2004, p. 153-154.

nia, Nabucodonosor, são jogados em uma fornalha e salvos sem se queimar.

7) Mc 1,23-27: Jesus expulsa um espírito mal.

8) Mc 1,29-31: Jesus cura a sogra de Pedro de uma febre.

9) Mc 3,1-6: Jesus cura um homem que tinha uma mão paralisada.

10) Mc 5,1-20: em Gerasa, Jesus expulsa o demônio de um homem que vivia em sepulcros.

11) Mt 14,13-21: Jesus multiplica cinco pães e dois peixes, modificando a natureza de algo.

12) Lc 8,22-25: Jesus acalma a natureza, uma tempestade que caíra sobre Ele e os discípulos, quando estavam em um barco.

13) Lc 8,49-56: Jesus ressuscita a filha de Jairo, chefe da sinagoga.

14) Lc 17,11-19: Jesus cura dez leprosos.

15) Jo 2,1-11: Jesus intervém na natureza mudando água em vinho.

16) Jo 11,38-44: Jesus ressuscita seu amigo Lázaro, em Betânia.

17) At 5,12-16: os apóstolos curam enfermos e endemoniados.

18) At 9,36-43: Pedro ressuscita a jovem Tabita[13].

---

**13.** Outros exemplos e citações de milagres na Bíblia são: Jó 9,8; Mc 1,40-45; 2,1-12; 3,1-6; 5,21-43; 11,14-23; Mt 8,10-12; 12,10-12.22-32; 12,22-32; Lc 7,11-17; 11,14-23; 13,10-17; 14,1-6; Jo 6,16-21; At 3,1-10; 4,31; 5,1-11; 5,17-21; 9,32-43; 12,1-19; 16,26; Ap 11,11; 16.

# 5

# Outras formas literárias

As outras formas literárias narrativas, não sem menor importância que as acima apresentadas, são: sonho, teofania, parábola, alegoria, anedota, comparações, elipse, hipérbole, litotes, metáforas, metonímia.

1) Sonho: modo encontrado pelo escritor bíblico para Deus comunicar-se com os humanos. Exemplos: Deus aparece em sonho ao Rei Abimelec e o condena por ter pensado em tomar Sara como sua esposa (Gn 20); 25,19-23.27-33; 27,1–28,9.10-22; 31; 37; 40–41; Dt 13,2-6; Jz 7,13-15; 2Sm 7; 1Rs 3,4-15; 5; Jr 23,15-23; Eclo 34,1-8; Dn 2; Mc 5,20; Mt 2; 1Cor 10,6.10.

2) Teofania: presença de Deus em elementos da natureza. O ser humano, no afã de querer sentir e estar próximo de Deus, interpreta a ação da natureza como símbolos de Sua presença. Exemplos: Deus se manifesta a Moisés por meio de uma sarça ardente (Ex 3); 19,3.16-19.24-32; 31,18; 20,18; 1Rs 19; Mt 2,1-12.

3) Parábola: narrativa sobre uma realidade muito conhecida do ouvinte, de modo que ela possa ser vista ou interpretada de outro modo[14]. Exemplo: Jesus conta a parábola do semeador, o camponês que não tinha onde semear sua semente (Mc 4,1-9); Mt 13,24-51.

---

**14.** Para uma melhor compreensão dos sentidos de parábola e alegoria, cf. o nosso livro *As origens apócrifas do cristianismo* – Comentário aos evangelhos de Maria Madalena e de Tomé. 2. ed. São Paulo: Paulinas, 2004.

4) Alegoria: explicação e aplicação comparada da realidade descrita na parábola. Exemplos: Gn 41; Is 5,1-7; Mt 13,18-23; Gl 4,21-30.

5) Anedota: narrativa em torno de fatos e pessoas, as quais têm uma ação decisiva sobre os acontecimentos. Exemplos: Davi encontra-se com Salomão fazendo suas necessidades fisiológicas em uma caverna. Ele poderia matá-lo naquele momento, mas não o faz (1Sm 24); Jz 15; 26; 2Sm 38,8-39.

6) Elipse: omissão de uma palavra, termo ou verbo, os quais são reconhecíveis no contexto. O texto, dessa forma, fica mais preciso e elegante. Exemplos: "Senão, risca-me do livro que escreveste" (Ex, 32,32); Gn 3,22; 1Cor 6,13; 2Cor 5,13.

7) Hipérbole: recurso literário usado na narrativa com o objetivo de ressaltar de forma exagerada o seu significado, indo além do sentido literal do termo. Exemplos: A descendência de Abraão seria numerosa como as estrelas do céu e as areias da praia (Gn 22,17); Nm 13,33; Dt 1,28; 2Cr 28,4; Jó 21,25.

8) Litote: oposto à hipérbole, litote é a suavização do sentido literal. Exemplos: "Na culpa fui gerado e no pecado minha mãe me concebeu" (Sl 51,7); 45,3; 1Ts 3,2b.

9) Metonímia: ocorre quando algo é dito a partir de uma palavra que tem relação com o mesmo assunto. Exemplos: "Não apagueis o espírito" (1Ts 5,19); Jz 12,7; Lc 16,9; Jr 18,18; At 23,37; Sl 18,1; 1Cr 10,21

# 6

# Mitos e contramitos em Gn 1–11

Gn 1–11 faz parte do livro do Gênesis, o qual abre o Pentateuco, cinco primeiros livros da Bíblia, narrando a criação do mundo, do ser humano e da natureza, em forma de "histórias de origens". Gênesis quer dizer origem, aquilo que está no início. São histórias de caráter universal. A preocupação do povo da Bíblia era dizer que o mesmo Deus que o libertou do Egito também o havia criado à sua imagem e semelhança. Ele, Israel e todos os povos.

Essas histórias de origens têm uma linguagem própria. Nelas, uma serpente fala; o paraíso é um jardim chamado Éden; nele, há um fruto proibido; a mulher está em oposição ao homem; há também no jardim árvores, a da vida e a do bem e do mal; Deus envia um dilúvio sobre a terra; os dois primeiros irmãos representam o bem e o mal; há uma torre construída e chamada com o nome confusão (Babel); encontramos pessoas gigantes e outras pessoas que vivem até 936 anos. Todos esses elementos vão para além de nosso entendimento. Eles se encontram na esfera literária narrativa para falar do ser humano e de suas aspirações sagradas e humanas.

Gn 1–11, uma das páginas de fé mais conhecidas da humanidade, é também, como vimos em vários de seus textos, um contramito, isto é, um escrito em forma de resistência aos mitos babilônicos, num misto de mistério que envolve a origem do ser humano e sua relação com o Sagrado em tempos de exílio.

# 7

# Contexto do exílio na Babilônia

O exílio para o povo judeu foi doloroso, um feito que ficou na cabeça de muita gente por toda a história. O autor dos livros das Crônicas chega a dizer que a terra, depois desse exílio, ficou vazia e desabitada (2Cr 36,21). A causa da destruição de Jerusalém pelos babilônicos tem sua origem no fato de que o pequeno território de Judá estava situado, do ponto de vista político e geográfico, em uma posição estratégica. Três potências disputavam, na época do exílio, o poder internacional: a Assíria, o Egito e a Babilônia. Os assírios já tinham o domínio de Israel – norte do país – desde 722 a.E.C. Para precaver-se da invasão egípcia, era de fundamental importância para os generais assírios ter o domínio de Judá. Em 701, quase que eles lograram esse intento. Na luta contra a Assíria, Egito e Babilônia se uniram. Na batalha final, a Babilônia levou a melhor parte. Para a Babilônia seguiram as cabeças pensantes, as lideranças. O rei de Judá e sua corte, a elite de Jerusalém, os altos funcionários do governo, sacerdotes e cantores do templo foram levados como reféns na primeira leva de 597 a.E.C., os quais se estabeleceram com sucesso no comércio local. Na deportação de 586 a.E.C., o grupo era mais numeroso e, provavelmente, residiu nos assentamentos agrícolas. Esses não eram escravos no sentido exato da palavra. Os dois grupos – em torno de 11 mil pessoas –, no entanto, eram exilados de sua terra e sofriam no contato com a cultura opressora babilônica. Na Babilônia vigorava o sistema tributário. Com relativa autonomia, as famílias podiam se organizar para pagar o tributo. No entanto, a pressão babilônica para receber os impos-

tos não devia ser menor que a exercida sobre as famílias campo-
nesas que permaneceram na Palestina.

Os deportados foram assentados em lugares junto aos ca-
nais de rios, como Quebar, em lugares abandonados, como Tel
Abiv (Ez 1,3; 3,15; Sl 137). "Cheguei aos exilados de Tel Abiv,
que habitavam junto ao Rio Cobar – era aí que eles estavam –
e demorei aí sete dias, consternado no meio deles", afirma o
profeta do exílio, Ezequiel (3,15). Sem terra e longe da pátria, o
sofrimento durou décadas. Rezando, os judeus clamavam: "Meu
Deus, meu Deus, porque nos abandonastes?" (Sl 22); e se ques-
tionavam: "Será que Deus nos rejeitou?" (Sl 74). No exílio, na
Babilônia, se perguntado pelo porquê de tamanha desgraça, o
povo escolhido revê a sua história.

Obra literária de beleza incomensurável, o Sl 137, composto no exílio ou, provavelmente, em Jerusalém por um grupo de
levitas que recorda as humilhações sofridas no cativeiro da Babilônia, salta aos nossos olhos com as seguintes palavras de dor,
regadas de esperança e saudade da terra longínqua: *Junto aos
rios da Babilônia nos sentamos, e choramos com saudades de
Sião; nos salgueiros que ali estavam penduramos nossas harpas. Lá, os que nos exilaram pediam canções, nossos raptores
queriam alegria: 'Cantai-nos um canto de Sião!' Como poderíamos cantar um canto do Senhor numa terra estrangeira? Se
eu me esquecer de ti, Jerusalém, que me seque a mão direita!
Que me cole a língua ao paladar, caso eu não me lembre de ti,
caso eu não eleve Jerusalém ao topo de minha alegria! Senhor,
relembra o dia de Jerusalém aos filhos de Edom, quando diziam: 'Arrasai-a! Arrasaia-a até os alicerces!' Ó devastadora
filha de Babel, feliz quem devolver a ti o mal que nos fizeste!
Feliz quem agarrar e esmagar teus nenês contra a rocha!*"[15]

O Sl 137 é uma lamentação coletiva, na qual se encontram
expressões profundas e pungentes de dor humana, pranto ama-

---

15. Cf. *Bíblia de Jerusalém.*

ríssimo de quem perdeu o que era caro ao coração: a família e a terra da promessa. Indignados, os exilados interiorizam o sofrimento. Na oração, eles expressam o desejo de violência contra os causadores de tanto sofrimento. Por amarem a terra distante, Jerusalém, situada sobre o Monte Sião, e o templo que ali existia, eles sofriam injúrias dos opressores, os quais, por pura ironia, pediam: "Cantai-nos um canto de Sião!" Por mais paradoxal que seja, encontramos nesse Salmo de sofrimento palavras de imprecação, maldição contra os opressores. Desejar que os nenês dos opressores fossem atirados contra a rocha são palavras duras, as quais não soam bem aos nossos ouvidos. Como entender isso? Questão de mentalidade antiga, mas superada por Jesus, no Segundo Testamento? Não é tão simples assim. Como veremos adiante, a passagem Torre de Babel, Gn 11,1-9, apresenta pelo viés do contramito esse mesmo desejo: que os babilônios, aqueles que nos dispersaram, sejam também dispersos pela terra. Matar os filhos dos opressores babilônicos, atirando-os contra a rocha, é o mesmo fazer com que eles percam a identidade, perdendo a descendência.

Na Babilônia, os judeus não foram espalhados. Eles viviam juntos, o que possibilitou a sobrevivência do grupo, a manutenção da língua pátria, dos costumes, da crença em Javé como Deus da nação sem-terra. É bem verdade que o modo de cultuar a Javé teve que ser mudado. Sem templo, era impossível fazer sacrifícios. O culto da palavra – a profecia e os cânticos – passou a desempenhar um papel fundamental. Como recriação das expressões de fé, o sábado e a circuncisão tornaram-se caracteres de identificação nacional. Os exilados trabalhavam no campo, na produção agrícola, na produção de cereais. Aqueles que outrora tinham sido sacerdotes, generais, ferreiros, passaram a trabalhar na roça. Que humilhação! Poder-se-ia dizer que os exilados eram escravos? No sentido moderno do termo, não. Na verdade, eles tinham livre circulação dentro dos acampamentos. Poderiam manter a religião e produzir livremente. Eles deveriam entregar aos dominadores quotas dos produtos e tributos especiais. Nessa situação de exílio, o povo de Deus reescreveu a sua história, fortaleceu a sua identidade a partir da fé, do culto e da literatura. Nasce a maior parte dos textos bíblicos e o judaísmo como religião. O contexto de boa parte dos relatos de Gn 1–11, seja na criação ou elaboração final, são exílicos e, como veremos, alguns são uma clara resistência – contramito – aos mitos oficiais babilônicos.

# 8

# Para compreender os mitos
# e contramitos

Para compreender os mitos e contramitos de Gn 1–11, há que se considerar dois pontos:

1) Os mitos extrabíblicos do mundo antigo parecem não acreditar que o mundo tenha surgido do nada. Havia os deuses e esses decidem criar o universo e o ser humano. O primeiro nasce de uma evolução criadora. E o segundo é feito, seja de barro ou de sangue, para servir aos deuses com o seu trabalho[16]. Quando os deuses formaram a humanidade, atribuíram a ela a morte e conservaram em suas mãos a vida plena.

2) As genealogias, ou a descendência do povo israelita, têm a função de ser um fio condutor que amarra a história e coloca o mito do dilúvio no centro da narrativa, fazendo dele o mais importante mito de Gn 1–11. O esquema concêntrico de Gn 1–11, demonstrado a seguir, sustenta a nossa afirmativa.

---

**16.** SEUX, M.-J. et al. *La creación del mundo y del hombre en los textos del Próximo Oriente Antiguo*. Salamanca: Verbo Divino, 1997, p. 35-37.

## Gráfico 1

- Gn 1,1–2,4: **genealogia** do céu e da terra
- Gn 2,4–4,16: histórias de Adão, Eva, serpente, Caim e Abel
  (**história de culpa e castigo**)
- Gn 4,17–5,32: **genealogia** de Caim, Set e Adão
- Gn 6,1-4: os gigantes (**relação entre Israel e Canaã**)
- **Gn 6,5–9,17: DILÚVIO**
- Gn 9,18-38: pequena história intercalada (**relação entre Israel e Canaã**)
- Gn 10,1-32: **genealogia** de Noé
- Gn 11,1-9: história da Torre de Babel (**história de culpa e castigo**)
- Gn 11,10-32: **genealogia** de Sem

Diferente do nosso pensamento ocidental, que é linear, o pensamento semita é do tipo cíclico ou concêntrico. O mais importante está no centro e não fim do texto. O mito do dilúvio é a recriação do mundo e do ser humano. Assim, podemos concluir que, contrário ao que parece aos nossos olhos modernos, as narrativas da criação de Gn 1–2 não são os textos mais importantes de Gn 1–11.

# Gn 1,1–2,4a: a criação em sete dias como contramito ao mito da criação babilônico, *Enûma Elîsh*

Provavelmente, Gn 1,1–2,4a tenha sido redigido pela fonte sacerdotal, no início do século V a.E.C., na época do exílio da Babilônia (587-536 a.E.C.) ou pouco posterior a ele.

Como contramito, ele terá sido escrito em oposição ao mito babilônico da criação, chamado *Enûma Elish,* texto descoberto em 1849 e publicado em 1875. Ele fazia parte da biblioteca de Assurbanipal, rei da Assíria, entre 669 e 630, e foi encontrado em Nínive, atual Mossul, no Iraque.

# 10

# O mito babilônico da criação
# *Enûma Elîsh*[17]

O mito babilônico da criação, *Enûma Elîsh*, assim descreve as origens dos deuses, do ser humano e da escolha de Babilônia como cidade dos deuses, sobretudo Marduk, o deus que adquire supremacia sobre os demais. Um resumo do mito pode ser feito assim:

*Quando ainda não existiam o céu nem a terra, dois seres divinos, Apsû (o abismo, o oceano subterrâneo) e Tiâmat (o mar, princípio feminino) se uniram, e desta união nasceram sucessivamente todos os outros deuses. Mas como esses perturbavam o sono de Apsû, o progenitor decidiu destruí-los. Tiâmat não queria matar os seus próprios filhos. Ea, o deus sabedoria, da terra e da água, soube de tudo e decidiu enfrentar Apsû. Com fórmulas mágicas o fez dormir e o matou. Com o seu corpo construiu o Apsû, isto é, o mundo subterrâneo com o oceano de água doce. Assim, Ea se tornou a divindade do subsolo, das fontes e dos rios. Depois desse ocorrido, Ea une-se à deusa Damika e gera Marduk. Ea o considerava o mais belo dos deuses e valente desde o nascimento, bem como o chamava de o "o filho do sol, o sol do firmamento". Com a morte de Apsû, Tiâmat reinava soberana, incomodando-se, porém, com o surgimento de novos deuses. Instigada por outros deuses, Tiâmat decide*

---

17. O texto que apresentamos é um resumo, adaptado por nós, do texto de BALLARINI, T. (org.). *Introdução à Bíblia*, II/1. Petrópolis: Vozes, 1975, p. 162-163. A parte final desse mito, que trata em detalhes da construção de um santuário/torre pelos deuses da terra em homenagem a Marduk, vai ser retomada quando estudarmos o contramito Torre de Babel.

*vingar a morte do marido. Começa matando os deuses seus filhos e gerando um exército de monstros, os quais aterrorizam os outros deuses. Tiâmat escolhe um deus, Kingu, como chefe de seu exército e lhe entrega as tábuas do destino, que deveriam se tornar leis eternas. Tiâmat se torna, assim, mais poderosa. Os outros deuses, em assembleia, decidem escolher Marduk, apresentado por Ea, seu pai, como o único que poderia enfrentar Tiâmat. Antes, porém, os deuses colocaram Marduk à prova de poder. Ele teria que aniquilar uma pessoa e devolvê-la à vida. Depois disso é que veio a sua eleição como herói e solene consagração como rei. Diziam: "Marduk é nosso rei". Marduk aceitou a escolha com a condição de que, caso vencesse a batalha com Tiâmat, ele teria primazia sobre todos os deuses. Depois, Marduk, armado dos pés à cabeça, enfrenta a enfurecida Tiâmat com raios, ventos e tempestades, suas armas próprias. Eles travam um corpo a corpo. Quando Tiâmat abre sua boca para engoli-lo, Marduk lança uma flecha que adentra a sua boca, destrói seu estômago e o seu útero, berço de todos os deuses. Marduk prende Tiâmat numa rede, despedaça o seu crânio com o chuço; fende o cadáver em duas partes como uma ostra. Com a parte superior forma o céu, pondo ferrolhos para represar as águas. Trata-se do mar celeste, que parece contrapor-se ao mar terrestre. Com a outra parte do corpo, ele faz a terra firme e o mar. Feito isso, Marduk forma os astros e outras criaturas. Com a cabeça e os seios de Tiâmat, ele edifica as montanhas. Marduk fura os olhos de Tiâmat, fazendo nascer deles os rios Tigre e Eufrates. Na terra, Marduk constrói templos e os entrega a Ea. Depois desses fatos, Marduk mata Kingu, o líder dos rebeldes. Corta suas veias e do seu sangue, misturado com o pó, cria o ser humano, a quem impõe o serviço dos trabalhos domésticos do templo, de modo que os deuses pudessem descansar e receber constantemente o sustento e tributos dos humanos. Depois disso, em sinal de gratidão para com seu soberano Marduk, os deuses da terra constroem uma Babilônia, com um templo para a sua residência, o qual foi chamado de Babilônia, a casa dos deuses, lugar de descanso para as divindades e sinal de domínio de Marduk sobre os outros deuses.*

**Resumo:** Duas divindades, Apsû e Tiâmat, se casam e geram filhos, os quais perturbam o sono de Apsû, que decide matá-los. Outra divindade, Ea, descobre o plano e mata Apsû. Com o corpo deste, Ea constrói o mundo subterrâneo. Tiâmat, para vingar a morte do marido, gera monstros, para aterrorizar as divindades. Marduk, filho de Ea, é escolhido pelos deuses como o deus soberano, capaz de enfrentar Tiâmat. Este promove um golpe de estado e torna-se a divindade maior da Babilônia. Marduk mata Tiâmat e com o seu corpo faz o céu, mundo superior, e a terra, onde constrói uma casa para os deuses. Com o sangue do líder dos deuses vencidos, Kingu, Marduk cria o ser humano, para ser submisso aos deuses. Como gratidão aos seus feitos, Marduk recebe dos deuses uma residência, que leva o nome de Babilônia, uma torre-celeste.

## O mito bíblico da criação (Gn 1,1–2,4a)

*Quando Deus iniciou a criação do céu e da terra, a terra era deserta e vazia, e havia treva na superfície do abismo; o sopro de Deus pairava na superfície das águas, e Deus disse: Que a luz seja! E a luz veio a ser. Deus viu que a luz era boa. Deus separou a luz da treva. Deus chamou a luz de dia e à treva chamou noite. Houve uma tarde, houve uma manhã: o primeiro dia. Deus disse: Que haja um firmamento no meio das águas, e que ele separe as águas das águas! Deus fez o firmamento e separou as águas inferiores do firmamento das águas superiores. E assim aconteceu. Deus chamou o firmamento de céu. Houve uma tarde, houve uma manhã: segundo dia. Deus disse: Que as águas inferiores ao céu se juntem em um só lugar e que apareça o continente! Assim aconteceu. Deus chamou o continente de terra; chamou de mar o conjunto das águas. Deus viu que isto era bom. Deus disse: Que a terra se cubra de verdura, de erva que produza a sua semente e de árvores frutíferas que, segundo a sua espécie, produzam sobre a terra frutos contendo em si a sua semente! Assim aconteceu. A terra produziu verdura, erva que produz a sua semente, segundo a sua espécie, e árvores que produzem frutos contendo em si a sua semente, segundo a sua espécie. Deus viu que isto era bom. Houve uma tarde, houve uma manhã: terceiro dia. Deus disse: Que haja luminares no firmamento do céu para separar o dia da noite, que eles sirvam de sinal tanto para as festas como para os dias e os anos, e que sirvam de luminares no firmamento do céu para iluminar a terra. Assim aconteceu. Deus fez dois grandes luminares, o grande luminar para presidir o dia, o pequeno para presidir a noite, e as estrelas. Deus os estabeleceu no firmamento do céu para iluminar a terra, para presidir o dia e a noite e separar a luz da treva. Deus viu que isto era bom. Houve uma tarde, houve uma manhã: quarto dia. Deus disse: Que as águas pululem de enxames de seres vivos e que o pássaro voe acima da terra em face do firmamento do céu. Deus criou os grandes monstros marinhos e todos os pequenos seres vivos os quais pululam as águas segundo a sua espécie, e todo pássaro alado segundo a sua espécie. Deus viu que isto era bom. Deus os abençoou dizendo: Sede fecundos e prolíficos, enchei as águas dos mares, e que o pássaro prolifere sobre a terra! Houve uma tarde, houve uma manhã: quinto dia. Deus disse: Que a terra produza seres vivos segundo a sua espécie; animais grandes, animais pequenos e animais selvagens segundo a sua espécie. Assim aconteceu. Deus fez os animais selvagens segundo a sua espécie, os animais grandes segundo a sua espécie e todos os animais pequenos do solo segundo a sua espécie. Deus viu que isto era bom. Deus disse: Façamos o homem à nossa imagem, segundo a nossa semelhança, e que ele submeta os peixes do mar, os pássaros do céu, os animais grandes, toda a terra e todos os animais pequenos que rastejam sobre a terra! Deus criou o homem à sua imagem, à imagem de Deus Ele o criou; criou-os macho e fêmea. Deus os abençoou e lhes disse: Sede fecundos e prolíficos, enchei a terra e regei-a. Vivei em harmonia com os peixes do mar, os pássaros do céu e todo animal que rasteja sobre a terra! Deus disse: Eu vos dou toda erva que produz a sua semente sobre toda a superfície da terra e toda árvore cujo fruto produz a sua semente; tal será o vosso alimento. A todo animal da terra, a todo pássaro do céu, a tudo o que rasteja sobre a terra e que tem sopro de vida, eu dou como alimento toda erva que amadurece. Assim aconteceu. Deus viu tudo o que havia feito. Eis que era muito bom. Houve uma tarde, houve uma manhã: sexto dia. O céu, a terra e todos os seus elementos foram terminados. Deus terminou no sétimo dia a obra que havia feito. Ele cessou no sétimo dia toda a obra que fazia. Deus abençoou o sétimo dia e o consagrou, pois tinha cessado, neste dia, toda a obra que Ele, Deus, havia criado pela sua ação. Este é o nascimento do céu e da terra quando da sua criação*[18].

**Resumo:** Quando ainda tudo era treva, a terra era vazia e deserta, e o sopro divino pairava sobre esse cenário, Deus cria a luz. Numa sequência de sete dias, continua a criar pela ação da sua palavra e depois descansa.

## Comparando os mitos

Da análise das narrativas citadas resulta a seguinte comparação:

---

18. *Bíblia de Jerusalém.*

|  | *Enûma Elîsh* | **Gn 1,1–2,4a** |
|---|---|---|
| **Criador** | Deuses, os quais são identificados com elementos da natureza, como Marduk, o deus Sol. Ocorre uma deificação da natureza. | Deus, que não se identifica com a natureza, mas a cria para viver em harmonia com o ser humano, que deve regê-la como um maestro. |
| **Motivo** | Disputa de poder entre os deuses. Tentativa de pôr fim ao caos celeste. Justificar a divisão entre os deuses e a soberania de um sobre os demais. Demonstrar o poder de Babilônia recebido pelos deuses. | Gratuidade de Deus. Organizar o mundo segundo Deus, sem caos. |
| **Modo** | Relação sexual entre deuses gera outros deuses. Sangue de uma divindade assassinada misturado com o pó: surge o ser humano. | Palavra criadora de Deus que faz. |
| **Consequência** | O criador passa a ter domínio sobre o criado, que se torna um prolongamento do mesmo. O ser humano passa a ser escravo dos deuses. | O Criador pede aos seres criados que vivam em harmonia. O ser humano é criado à imagem e semelhança de Deus para viver em liberdade. |
| **Pós-criação** | O deus Marduk é louvado pelo seu ato criador e recebe como prêmio uma casa que leva o nome de "Babilônia celeste", o lugar de seu descanso e da ordem estabelecida. A Babilônia passa a ser morada sagrada dos deuses. Ela é poderosa nas armas e pode vencer outros povos. | Deus cria com esmero um paraíso terrestre e descansa. Deus cuida de tudo. Ao ser humano basta viver na harmonia com as criaturas e com o Deus Criador. |

Os elementos de cada mito, acima dispostos, deixam claras as diferenças entre eles, que vão desde o motivo da criação até a consequência do ato criador de deuses e Deus. O mito bíblico evidencia resistências, oposição ao mito babilônico.

# 11

# Resistências ao mito babilônico (I)

Gn 1,1–2,4a não é uma ata da criação do mundo, mas uma manifestação de resistência ao pensamento oficial babilônico da criação. Ele expressa poeticamente o pensamento dos deportados que, longe da pátria querida, sofrem a dominação do conquistador e testemunham a fé em Deus criador do mundo. Nesse contexto, podemos entender os sinais de resistência em Gn 1,1–2,4a ao texto babilônico. São elas:

## 1) O nosso Deus é a luz que ilumina o criado, e o sol, um astro e não um deus

Os judeus pensavam: o Senhor de Israel é um Deus vivo e criador. Ele está sempre conosco, o seu povo. Não há "nosso Deus" e "os deuses deles", mas somente o Deus-Javé, criador do universo, todo-poderoso e libertador de Israel. Trata-se de um monoteísmo. Os demais não são deuses, mas criações.

No mito babilônico são citados dois deuses de origem, Apsû e Tiâmat. Seus nomes significam abismo e vazio ou fosso sem fundo. Desses nomes decorre a ideia de vazio, caos inicial na criação. Por isso, vários deuses ainda surgem, travam batalhas entre si até o completo restabelecimento da harmonia celeste.

Deus, em seu primeiro ato, cria a luz. E isso não foi por mero capricho. Significa afirmar mitologicamente que Deus mesmo é a luz que ilumina todo o criado. Notório é o fato de que Deus, em sânscrito, umas das línguas indo-europeias mais antigas, se grafa com *dêva ou dywe*, que vem de *div* e significa brilhar, e *dew,* luz, brilho. Assim, da raiz de brilhar, luz, é que se originaram os substantivos Deus e dia. Daí que *bom dia, bôdiè,* é o mesmo que *boa luz* e *bom deus.* Em outras palavras, que Deus seja luz em seu caminho.

Em Gênesis, a luz, criada em primeiro lugar e nominada por Deus de luz em oposição às trevas, chamada de noite, demonstra o poder de Deus sobre essas criaturas. A luz tem relação estreita com Deus, mas é também obra sua[19].

Marduk era o deus supremo da Babilônia celeste e terrestre. Os babilônios acreditavam no sol como astro dominante. E nele identificavam Marduk, reverenciando-o como presença de Marduk, o astro/deus dominante. Ea, quando vê seu filho Marduk, chama-o de *"meu filho, o filho do sol, o sol do firmamento".* Quando termina o poema *Enûma Elîsh,* são cantados os cinquenta nomes de Marduk: "Marduk é o Primeiro; Ele é o Filho do Sol; Ele é o primeiro, aquele que tem o brilho do sol".

Também no Egito o sol é uma divindade, Akhenaton, que, com o seu brilho solar, provoca o brilho da luz sobre o oceano primordial. Na mitologia romana, o deus criador de tudo e de todos é Júpiter, nome que significa *pai da luz.*

O contramito de Gn 1,1–2,4a enumera os astros criados da seguinte forma:

| Dia | O que foi criado |
| --- | --- |
| 1 | Luz |
| 2 | Firmamento |
| 3 | Terra seca e plantas |
| 4 | Luzeiros: sol, lua e estrelas |
| 5 | Águas, animais aquáticos e pássaros |
| 6 | Animais selvagens e domésticos e o ser humano |
| 7 | Consagração do sábado como dia de descanso |

---

**19.** Cf. KRAUSS, H.-K. *As origens:* um estudo de Gênesis 1–11. São Paulo: Paulinas, 2007, p. 25.

Em Gn 1,1–2,4a, os astros não têm a função de domínio. Eles são servidores, devem viver em harmonia com todas as outras criaturas. Em Gênesis, o sol é simplesmente um astro entre os demais, não tem lugar de destaque na criação. Ele não foi criado em primeiro lugar, mas no quarto dia, e junto aos outros astros. O sol é simplesmente um astro que ilumina a vida criada por Deus. A luz é mais forte do que ele e não se chama sol.

O sol, assim como os outros elementos da natureza, recebe um tratamento especial nos Salmos de louvor, escritos na sua maioria no exílio da Babilônia. Antes de o povo de Israel passar a ter uma relação privilegiada com Deus-Javé na sua história, a relação com o Sagrado se dava por meio da natureza, a qual era vista como uma constante ameaça. Não alcançando o domínio da natureza, o ser humano via-se no meio de uma angústia existencial. Para se proteger, vivia ora seguindo os ciclos da natureza, ora divinizando-a, ora cultuando os deuses bons, a fim de que eles pudessem manter a ordem e a vida humana. Mitos da criação surgem em várias culturas. O deus bom vence as forças caóticas e impõe a ordem e o ritmo da criação. Marduk, o deus-sol da Babilônia, é dominado pelo Deus dos exilados, o Deus de Israel que domina toda a natureza e a coloca a serviço do ser humano. O Sl 8 é fruto dessa ação divina, quando reza cantado extasiado as maravilhas de Deus: "Teu nome, Senhor, é tão poderoso em toda a terra. Quando vejo o céu, obra dos teus dedos, a lua e as estrelas que fixastes [...]". A ação de Deus na história provoca um desmoronar-se dessa certeza antiga. Surge uma nova maneira de entender e relacionar-se com Deus, que é a grande luz. Nisso reside a primeira oposição do mito de Gênesis ao babilônico. Deus que a é luz, cria a luz e a coloca a serviço que do ser humano. Ironicamente, isso quer dizer que os outros deuses, representados pelo sol e luz, foram colocados a serviço do ser humano.

## 2) O nosso Deus cria gratuitamente pelo poder da sua Palavra

No mito babilônico, o mundo e o ser humano foram feitos a partir da morte violenta de deuses. *Enûma Elîsh* ensina que os babilônios e o mundo existiam porque os deuses usaram da violência. O forte exerce o seu poder sobre o mais fraco. Esse modo de ver e interpretar os fatos justificava a atuação dos que detinham o poder na Babilônia terrestre. A ordem da Babilônia celeste era mera projeção da terrestre. Desse modo deveria ser a dinâmica da vida.

Na contrapartida do mito babilônico, Gn 1,1–2,4a quer ser a manifestação do poder de Deus por meio de sua palavra e de seu gesto gratuito de criar o ser humano. O texto bíblico começa narrando o ato criador de Deus e não a luta fratricida dos deuses.

A expressão "E Deus disse" é carro-chefe da narração bíblica. Ela aparece dez vezes e relembra o Decálogo. A palavra é usada para criar e expressa o poder não violento do Deus de Israel. Outra palavra de Deus que aparece várias vezes é:"E Deus viu que isto era bom". Ademais, é Ele que dá nome a tudo aquilo que cria. Em contraposição ao deus babilônico, os exilados se maravilhavam diante de seu Deus, que cria como um artesão, que se maravilha com a sua obra de arte, que não pede nada em troco. O artista é assim, ele cria por criar, não pensa em valor financeiro ou moeda de troca para a sua criação. Sofrendo no exílio, a comunidade do texto se extasia diante da obra de Deus que tudo oferece gratuitamente para o seu povo, mesmo sabendo que ela não estava se beneficiando desse ato divino naquele momento. Restava, assim, se admirar diante de tão grande feito e confiar em Deus criador.

A título de ilustração, vale recordar aqui o mito egípcio heliopolitano da criação. Nele a criação dos deuses é mais importante que a dos seres humanos. Na cidade de Heliópolis, a criação teve início do seguinte modo:

*Um pequeno Monte emergiu no oceano primordial chamado de Num. Nesse morro, o deus solitário, identificado com o nome de Atum, masturbou-se e deu origem a um casal, Tenuft e Shu. O primeiro era a divindade masculina associada com o Ar que há entre o céu e a terra, ao passo que o segundo, o princípio feminino responsável pelo orvalho, pela umidade. Essas duas deidades uniram-se e geraram Geb e Nut. Nesse caso, o primeiro é considerado o deus da terra (ou era própria terra) e masculino; já o segundo, por sua vez, era a feminilidade e representava o céu (ou era o próprio céu). Essas duas divindades casaram-se. Atum, o deus solitário, opôs-se a essa união e determinou a Shu que os mantivesse separados. Por isso, durante o dia eles ficavam afastados. Geb na parte inferior e Nut sobre ele, erguida por seu pai Shu. Durante a noite, enquanto Shu dormia, as duas divindades coabitavam. Esse fato deu origem aos deuses que completaram a formação do cosmo: Osíris e Seth, machos; Íris e Nephtis, fêmeas.*

Se, nesse mito heliopolitano, o poder criador da divindade está no seu sêmen, em outro mito, também egípcio, o *Menfita*, a força criadora, assim como em Gênesis, está na palavra da divindade *Path* que cria o deus *Atum* e as outras divindades, que criam o mundo.

## 3) O nosso Deus nos criou para uma vida de prazer

Afirma o texto bíblico que Deus dá aos animais, aves e répteis as ervas que amadurecem como alimento (Gn 1,30). E, ao ser humano, Ele dá as verduras – cereais, legumes e especiarias –, árvores frutíferas que produzem semente, isto é, árvores-fruto que oferecem o alimento saboroso durante todo o ano para o ser humano. Os rabinos interpretam essa ordem divina dizendo que "a vontade do Criador era criar uma árvore que fosse fruto toda inteira"[20]. A terra teria que oferecer o alimento praze-

---

**20.** Apud CHOURAQUI, A. *No princípio*. Rio de Janeiro: Imago, 2005, p. 40.

roso para o ser humano desfrutar. Isso é uma ordem divina. Ele não teria, no princípio, que trabalhar para sobreviver (Gn 1,29). Tampouco Deus permite ao ser humano matar para comer. A alimentação é igual para animais e seria humano. Todos terão o prazer de se alimentar. Essas afirmações são profundamente revolucionárias. Deus cria o universo para a vida dos seres humanos em harmonia com os animais, e concede ao ser humano de ser humano e não de ser um deus que pede recompensa em troca de seu ato criador. O alimento é para o seu prazer. Dele o ser humano e os animais podem usufruir, sendo todos vegetarianos. O alimento é para o sustento da vida humana e não para dar lucro aos poderosos. Deus não espera em troca o tributo do ser humano. Com isso, fica descartada a opressão do ser humano sobre o seu semelhante. Quando da desobediência do ser humano e consequente perda do paraíso, o ser humano passa produzir o seu alimento, isto é, fazer com a terra lhe dê o sustento com o suor do seu rosto. Assim, o próprio ser humano inverte a ordem criadora. Ele mesmo criou a situação de opressão. É o que reflete Gn 9,1-3, quando diz que Deus permite ao ser humano comer da carne dos animais, mas não o seu sangue, bem como não matar seu irmão, que também é imagem de Deus. Matar outro ser humano é matar Deus.

Em nossos dias, a produção de alimentos está monopolizada por grupos detentores do mercado internacional, o que produz a fome mundial. Sabemos que o Brasil é considerado celeiro mundial, mas o nosso povo passa fome. Onde está o erro? Assim como nos tempos do Império Babilônico, a globalização atual quer ter o controle de quem produz e consome. Deus tem outros planos. É o que nos mostra o mito de Gênesis. Deus dá ao ser humano o prazer de poder comer, mas ele não é capaz partilhar o produto produzido.

## 4) O nosso Deus nos criou à sua imagem e semelhança e nos pediu que fôssemos fecundos

"E Deus disse: Façamos o ser humano à nossa imagem, conforme nossa semelhança" (Gn 1,26a). O "façamos" recebeu várias interpretações ao longo dos séculos:

1) Plural majestático: uso da primeira pessoa do plural pelos reis de Portugal para falar da sua ação, o que resultou, na língua portuguesa, no uso do pronome "nós" para dizer "eu" para reis, papas e prelados.

2) Plural de deliberação: recurso da língua hebraica para expressar a deliberação que precede a ação, isto é, Deus (sujeito da ação anterior) que criou é o mesmo do "façamos".

3) Princípio relacional: Deus Pai e Mãe.

4) Antecipação da visão trinitária (patrística).

5) Deus consulta os anjos, criados anteriormente por Ele, e decide que juntos fariam o ser humano. A consulta divina aparece em outros textos bíblicos, a saber: 1Rs 22,19; Jó 1,6; 2,1; Is 6,8.

Partindo da afirmativa de que o "façamos" representa um princípio relacional de Deus, interpreta-se que Ele criou o ser humano, masculino e feminino, à sua imagem, o que significa afirmar que em Deus encontramos essas duas dimensões de forma integrada. No mundo antigo, tinha-se a concepção de que somente reis e governantes eram criados à imagem e semelhança de Deus. Estes se consideravam a encarnação de Deus e, portanto, podiam estabelecer a comunicação entre os deuses e os seres humanos. Os faraós do Egito eram considerados a imagem viva de Deus na terra. O relato da criação de Gn 1,1–2,4a se opõe a esse modo de pensar, ao afirmar que Deus criou o *adam* (ser humano: masculino e feminino) à sua imagem e semelhança e a ambos conferiu a bênção.

Gn 1,1–2,4a democratiza a imagem e semelhança de Deus. Estamos diante de um texto revolucionário sobre a igualdade entre homem e mulher, o que tem implicações sobre a afirmação teológica da natureza de Deus. Imagem, em hebraico *selem,* significa estátua, cópia de um modelo. Já semelhança, em hebraico *demût,* significa ser igual. Os dois substantivos podem ser usados como sinônimos. Culturalmente, somos herdeiros de uma imagem divina masculinizada, a qual necessita ser restabelecida na sua natureza integral. Feminino e masculino formam a face de uma mesma moeda presente no ser humano como extensão de Deus, que não mais pode ser entendido como um velho barbudo sentado em seu trono, como a catequese nos ensinou.

A criação do ser humano como imagem e semelhança de Deus significa também professar a fé israelita em um Deus que criou o ser humano para ser livre e um cocriador com Ele. Isso é expressão de resistência ao mito babilônico que ensinava o contrário. Deus não cria o ser humano, mas o "faz existir", isto é, lhe dá condição de viver harmoniosamente em um mundo em que tudo é Dele. Os exilados louvam a Deus pela natureza criada, eles se sentem reis, podem usufruir dessas maravilhas. Nisso está um contramito, uma resistência à dominação babilônica de Nabucodonor, que destruíra Jerusalém e a religião judaica, representada pelo templo. Repensar o modo de viver a fé judaica a partir da criação e louvar a Deus por isso foi o que manteve o povo judeu unido na certeza de que ele é, individualmente, a sua imagem e semelhança.

Outro modo de interpretar imagem e semelhança vem também do mundo judaico, do Rabino Rashi, um grande sábio da Idade Média. Para ele, o texto deve ser entendido no seu conjunto: "E Deus disse: Façamos o homem à nossa imagem e semelhança, que eles *dominem* sobre os peixes do mar, as aves do céu, os animais domésticos, todas as feras e todos os répteis que rastejam sobre a terra" (Gn 1,26). Rashi liga *yrd* à imagem e semelhança e assim os interpreta. Para ele, imagem significa segundo o nosso (de Deus) modelo. Já semelhança é o que devo adquirir. Imagem (modelo) de Deus todos nós nascemos, mas a semelhança deve ser conquistada. Alguém pode morrer sem nunca ter chegado a ser semelhante a Deus, isto é, não buscou ser cocriador com Deus. A capacidade de amar, decidir, ser sábio e bom, dada ao homem por Deus, recorda a sua semelhança com Deus e o desejo de ser igual a Ele. Nesse sentido, entende-se também o significado de "que eles dominem". O verbo dominar em hebraico (*yrd*) significa dominar e descer. Se o ser humano, tendo consciência de que é imagem de Deus, lutar para que a semelhança possa tornar-se realidade, ele será um cocriador e dominará as criaturas, isto é, viverá em harmonia com elas; caso contrário, as criaturas o dominarão e ele descerá, tornar-se-á como animal, e será destruído pela natureza. O ser humano recebe a bênção divina para cuidar da criação. Deus não lhe concede o direito de dominar outros seres humanos, nem tampouco lhe dá os animais como sustento. Alguns estudiosos já quiseram tirar "dominem" do texto, por julgá-lo ecologicamente incorreto. Melhor seria traduzir o verbo *yrd* por reger. O ser humano é, então, chamado a reger as criaturas, como um maestro que vive em harmonia com elas. Nisso o mito de Gênesis é um contramito ao babilônico.

Na outra ponta da linha, o fato de Deus oferecer ao ser humano a possibilidade de "dominar" outros seres significa colocá-lo na condição divina, assim como os deuses babilônicos que dominavam o mundo e o ser humano criado para ser seu escravo. Nisso estaria também um outro contramito, uma resistência ao modo de pensar dos opressores.

Interpretações antropocêntricas de Gn 1,26, colocando o ser humano como dominador do universo e nele podendo interferir a seu favor, colaboram sobremaneira para o incremento do processo rápido de destruição da terra e do ser humano que estamos vivendo em nossos dias. Agrava-se ainda mais a questão quando tomamos consciência de que pesquisas têm avançado no estudo e descobertas da feminização de homens, animais e peixes, bem como a impotência do homem, o macho. A cada ano o homem produz 2% a menos de espermatozoides. Um homem nascido na década de 1950 produz 150 milhões de espermatozoides por mililitro, o da década de 1970, 75 mililitro, e o da década de 1990, somente 50 milhões. Quando chegarmos a 20 milhões, a fertilidade humana estará comprometida, e aí então será tarde demais. Pesquisadores chegaram à conclusão de que a causa dessa infertilidade, bem como a de cânceres de mama e de próstata, é a poluição da natureza por meio de dejetos químicos, como o DDT e outros agrotóxicos. As substâncias químicas despejadas nos rios não ficam na água, elas vão para os peixes e os destroem ou os transformam em hermafroditas. O ser humano está sendo contaminado por produtos químicos armazenados nos plásticos, o que lhe causa infertilidade, impotência sexual e feminização. Machos na natureza estão sendo desmasculinizados e feminilizados[21].

Infertilidade leva o ser humano ao não cumprimento da ordem divina expressa em Gn 1,28: "Sede fecundos, crescei e multiplicai-vos". Procriar é dever sagrado para o judaísmo. "Ninguém pode abster-se de procriar, quem não o faz é um assassino"[22]. Ser fecundo na Babilônia é se multiplicar para se libertar do jugo opressor. Ser fecundo é bênção divina. Multiplicar a imagem significa que o nosso Deus não está preocupado em dominar o ser criado por Ele. Já os deuses do mito babilônico impuseram condições aos seres criados, o que refletia no poder político da Babilônia, que controlava sob jugo os dominados, impedindo-os até mesmo de se multiplicar.

## 5) Os deuses babilônicos não trabalham, o nosso Deus descansa porque trabalha e ainda reservou para nós um dia de descanso semanal

De acordo com Gn 2,3, Deus abençoou o sétimo dia da criação, santificou-o e nele descansou. O ser humano não é o ápice

---

**21.** O resultado dessa pesquisa pode ser encontrado na internet: www.youtube.com/watch?v=I4cWpUrL-V8

**22.** Cf. FARIA, J.F. "Judaísmo e cristianismo: dois caminhos, duas culturas afins". *Estudos Bíblicos,* n. 61, 1999, p. 56. Petrópolis: Vozes.

da criação, mas o dia de descanso. Este sim, recebe uma bênção especial. O sábado, em hebraico *shabat*, da mesma raiz do verbo *shûb*a (sentar-se), é um dia especial. Ele recorda que, não obstante a opressão do Egito, Deus libertou o seu povo. Durante seis dias o trabalho é pesado, mas o sétimo dia é a própria libertação. Memória que o povo de Deus não deve esquecer. Semanalmente essa memória é celebrada. No imaginário mitológico da comunidade que produziu Gn 1,1–2,4a, essa ideia tão revolucionária não podia ficar de fora. A humanidade, feita à imagem de Deus, é sagrada. Assim como Ele, ela precisa descansar. Para os dirigentes babilônicos não era necessário descansar. O povo precisava trabalhar muito para pagar os tributos. Ao Templo de Marduk deviam ser levados todos os tributos, de modo que a ordem do mundo pudesse ser respeitada. E os deuses recebiam simbolicamente esse tributo. Ir ao Santuário de Marduk e deixar ali a sua oferta (tributo) mantinha a estabilidade política e social. O ser humano, no mito babilônico, foi criado para servir aos deuses com o seu trabalho. Desse modo, os deuses se tornaram livres da árdua tarefa de trabalhar. Ademais, receberam como gratidão uma morada no céu e oferenda na terra[23]. A comunidade de Gn 1,1–2,4a sabia de tudo isso, e não foi por menos que levantou a bandeira diante do opressor: "Temos direito ao sagrado dia do descanso semanal!" E precisa maior resistência que essa? Esse direito é sagrado, pois o nosso próprio Deus descansa. Ele, como nós, os humanos, se cansa de tanto trabalhar. Os deuses babilônicos não se cansavam, pois não trabalhavam. Eles foram dispensados dos serviços, quando Marduk criou o ser humano para servi-los. Nisso está o contramito! É como afirmar: "Nosso Deus age completamente diferente dos deuses babilônicos".

---

**23.** SEUX, M.-J. et al. *La creación del mundo y del hombre en los textos del Próximo Oriente Antiguo*. Op. cit., p. 35.

# 12

## Gn 2,4b–3,24: mito da condição humana no paraíso e fora dele

Assim como Gn 1,1–2,4a, Gn 2,4b–3,24 é uma confissão de fé em Deus criador do mundo. São modos mitológicos diferentes de relatar uma mesma temática. O primeiro pode ser considerado, conforme nossa análise, um contramito ao mito babilônico da criação. Já Gn 2,4b–3,24 é propriamente um mito que reflete sobre a condição humana no paraíso e fora dele.

Vários elementos simbólicos decorrem de Gn 2,4b–3,24. Por se tratar de um texto de época e autores diferentes do anterior, não soa estranho que, após um relato de criação da fonte sacerdotal, inicia-se outro da fonte javista, do século IX a.E.C., literariamente diverso, com os dizeres: *"No tempo em que o Senhor Deus fez a terra e o céu, não havia nenhum arbusto"*... (2,4b).

A narrativa javista de Gn 2,4b–3,24 é mais fluente e agradável para ler e ouvir que a sacerdotal. Quase 500 anos separam um texto do outro. Portanto, o texto permite dizer novamente que não havia nenhum arbusto sobre a terra, nem ser humano para cultivá-la. Deus, então, modela da terra um homem e lhe dá o sopro da vida. Planta um jardim no Éden. Da costela do homem, faz-lhe uma companheira. Eles viviam nus, com a proibição de não comerem do fruto da árvore do bem e do mal, até que, um dia, a serpente engana a mulher, que engana o homem, e ambos comem do fruto proibido. O medo se apodera deles. Todos os três recebem um castigo do Criador e são expulsos do paraíso. Eis um resumo do texto:

*No tempo em que Deus fez a terra e o céu, não havia ainda nenhum arbusto dos campos sobre a terra e nenhuma erva dos campos tinha crescido, porque Deus não tinha feito chover sobre a terra e não havia ser humano para cultivar o solo. Existia, sim, um manancial que subia da terra e regava a superfície do solo. Deus modela um **ser humano** com a argila da terra, lhe dá o sopro da vida. Deus também planta um jardim, no Éden, no oriente, e aí coloca o **ser humano**. Deus ainda faz crescer árvores com flores e frutos. O jardim é composto de quatro rios. Ao **ser humano** é dada a tarefa de guardar e cultivar o jardim e a proibição de não comer da árvore do conhecimento do bem e do mal, pois no dia em que dela comesse ele teria que morrer. Deus fez do barro da terra feras selvagens e aves do céu e as conduziu ao **ser humano** para que ele as nominasse. Vendo que o **ser humano** estava só, Deus faz da costela do ser humano uma mulher. O **ser humano**, vendo que a mulher era osso de seu osso e carne de sua carne, a chamou de **mulher**. E o narrador justifica: "Por isso, o **homem** deixa seu pai e sua mãe e se une à sua **mulher** e se tornam uma só carne". Nus, **ser humano** e sua **mulher** viviam no jardim. Até que, um dia, a serpente, na sua estultícia, engana a mulher, que engana o seu **marido**, e ambos comem do fruto proibido. O medo se apodera deles. Ambos abrem os olhos, se veem nus e passam a ter vergonha, a ponto de terem que se cobrir com vestes de folhas, que eles mesmos teceram. Ouvindo passos de Deus que caminha pelo jardim, eles se escondem, porque também já sentem medo. Deus, que passeava no jardim, os interroga pelo ato de desobediência. **Ser humano** e **mulher** acusam a serpente. Todos os três recebem um castigo do Criador. A serpente se arrastará e será pisada pela **mulher,** que passa a ter dores de parto e desejo voltado para o homem-marido, que a dominará; já o **ser humano** terá que tirar do solo maldito o sustento com o suor do seu sangue. Após essas maldições, o ser humano chama a mulher de **Eva**, por ser ela a mãe dos viventes. O fim é trágico: a expulsão do* *paraíso. Para cobrir as vergonhas, eles, **ser humano** e **mulher**, recebem de Deus uma roupa de pele. O **ser humano** é expulso do paraíso, uma nova etapa se inicia na vida dele. O cultivo do solo para comer passa a ser um labor pesado e diário. O paraíso é lacrado. Um querubim e uma espada fulgurante passam a guarnecê-lo, impedindo ao **ser humano** o acesso ao caminho da árvore da vida. Deus teve medo de que o ser **humano** comesse o fruto da árvore da vida e, assim, vivesse para sempre.*

# 13

# Elementos mitológicos: nudez, costela, jardim, árvores, ser humano e serpente

Esse clássico texto da literatura bíblica foi, ao longo da história da humanidade, fonte de inspiração para tantos outros, bem como para pinturas, discursos poéticos e moralistas. A partir de Gn 2,4b–3,24, foi elaborado o pensamento em torno da culpa e queda do ser humano da sua condição paradisíaca.

Na sistematização dos livros bíblicos, o último deles é o Apocalipse, o qual descreve uma nova Jerusalém Celeste – um novo Éden Celeste –, tendo no seu centro também uma árvore da vida[24]. A lógica nessa catalogação consiste em colocar em evidência Gn 2–3.

Os vários elementos do mito de Gn 2,4b–4,24 explicam a condição humana no paraíso e sua relação com o sagrado. São eles:

### Jardim/paraíso

Símbolo do paraíso terrestre. Jardim em hebraico é *gan*, e significa proteger. No Oriente antigo, era muito comum a construção de um jardim cercado. Eles podiam ser propriedade exclusiva de um rei. Muitos deles eram ornamentais e serviam para o descanso do rei ou para a sua sepultura (2Rs 21,18.26). Esses formavam o seleto grupo dos jardins imperiais. No ambiente persa encontramos vários desses jardins, os quais também sim-

---

**24.** Cf. FARIA, J.F. *Apócrifos aberrantes, complementares e alternativos – Poder e heresias!* 2. ed. Petrópolis: Vozes, 2009, p. 12-13.

bolizavam o poder real e o seu controle sobre a agricultura e as fontes de água. Nesses jardins se cultivavam plantas medicinais e religiosas[25]. Havia também jardins com pomares e hortas (Jr 29,5.28). Os jardins tinham suas próprias fontes de água. Os jardins eram um paraíso.

Paraíso em persa se diz *pairidaeza*. A tradução grega da Bíblia, a Setenta, usa o termo grego *paradeisos,* em Gn 2,4b–3,24, para jardim. Em hebraico há também o substantivo *pardes* (parque, jardim, pomar). Assim, paraíso e jardim passam a se equivaler. O jardim é chamado de Éden ou está no Éden, no oriente (Mesopotâmia?). Éden é um substantivo hebraico que significa delícias, prazer. O jardim passa a ser um paraíso terrestre. Um paraíso das delícias em um jardim plantado em Éden (v. 10), região e lugar da felicidade plena. Deus é o companheiro do ser humano, que vive em plena liberdade sem se preocupar com nada, sendo cuidado por Deus, que criou para ele um jardim.

Em chave psicológica, podemos dizer que o jardim é o lugar da infância, da primeira fase da vida pueril, longe das responsabilidades do adulto, mas rodeado de elementos da vida adulta, como a árvore do conhecimento do bem e do mal e da pele que cobria o seu corpo[26]. O mito de Gn 2,4b–3,24 expressa o desejo humano, que no passado teve sua relação com o Sagrado em forma de vida protegida, de retomar a esse estado pueril, paradisíaco. No entanto, ele sabe que a vida adulta lhe acarretou mortes, desigualdades sociais, competições. Lembrar-se dessa condição humana equivale a sonhar com a vida plena que já acontecia no "Jardim do Senhor" (Is 51,3), no "Jardim de Deus" (Ez 28,13; 31,9).

---

**25.** Cf. PEREIRA, N.C. "Jardim e poder – Império Persa e ideologia". *Hermenêuticas bíblicas* – Contribuições ao I Congresso Brasileiro de Pesquisa Bíblica. São Leopoldo/Goiânia: Oikos/UCG, p. 123-124.

**26.** BRENNER, A. (org.). *Gênesis a partir de uma leitura de gênero.* São Paulo: Paulinas, 2000, p. 105.

Para recordar que a vida é um constante caminhar para o paraíso, os ensinamentos antigos dos rabinos propunham que o texto bíblico devia ser interpretado seguindo quatro passos de compreensão e sua atualização, a partir do que sugerem as consoantes do substantivo o paraíso (Pardes) – **P**eshat, literal; **R**èmèz, alusivo; **D**erash, meditação; **S**ôd, contemplação[27]. Para eles, uma boa interpretação bíblica já nos leva ao paraíso.

O livro de Cântico dos Cânticos tem no seu centro o jardim, um paraíso. A mulher é vista como um jardim fechado, lacrado para o seu amado (Ct 4,12). Somente a amada poderia abrir o seu jardim para o amado. Contrariamente aos ensinamentos de que a função da relação sexual entre um homem e uma mulher é simplesmente gerar filhos, baseando-se no mandamento de crescer e multiplicar de Gn 1,28, máxima que fincou raízes no judaísmo e cristianismo, a amada de Cântico dos Cânticos convida o seu amado a entrar no seu jardim e a comer seus frutos saborosos: "Entre o meu amado em seu jardim e coma de seus frutos saborosos" (Ct 5,1d). A relação amorosa ocorre em um jardim, coisa também típica da poesia egípcia.

A comunidade joanina deixou registrado que havia um jardim perto do local onde Jesus foi sepultado (Jo 19,41). Tendo ressuscitado, ele se encontra numa sepultura cercada por um jardim com Madalena, a mulher que sempre esteve ao seu lado, como a amada que cuida de seu amado. Madalena, a mulher que foi feita prostituta pelos Padres da Igreja sem nunca ter sido, foi, sim, a amada de Jesus, por mais paradoxal que a afirmativa soe aos nossos ouvidos acostumados a ouvir erroneamente que Madalena é a prostituta que ungiu os pés de Jesus (Lc 7,35-52)[28].

Poderíamos citar outros textos do Primeiro e Segundo Testamentos, bem como das literaturas rabínica e apócrifa, para

---

**27.** FARIA, J.F. "Judaísmo e cristianismo: dois caminhos, duas culturas afins!" Op. cit., p. 54-55.

**28.** Cf. FARIA, J.F. *As origens apócrifas do cristianismo* – Comentário aos evangelhos de Maria Madalena e Tomé. Op. cit.

exemplificar como o conceito paraíso-jardim ficou associado com a esperança escatológica e messiânica. O paraíso perdido permaneceu no imaginário popular como símbolo de esperança, de saudade de um tempo que, mitologicamente, poderá voltar.

## Árvores da vida e do conhecimento

Árvore é um símbolo importante em Gn 2,4b–3,24. Descobertas arqueológicas e textos do Antigo Oriente Próximo evidenciam a importância da árvore como símbolo do crescimento, amadurecimento e continuação da vida. Ela cresce lentamente, produz sementes e frutos, perde folhas e renasce a cada ano[29].

A deusa da vegetação, *Asherá*, na mitologia fenícia, era representada por uma árvore ou estaca plantada (Dt 16,21; 1Rs 16,33; 2Rs 13,6; 21,2-7). Na mitologia babilônica, era conhecido o mito de *Adapa*, filho do deus *Ea*, que o instrui a respeito de comer um alimento de vida oferecido por deuses, do seguinte modo: *"Quando estiveres na presença de Anu, ser-te-á oferecido um alimento de morte: não o comerás. Oferecer-te-ão uma roupa: veste-a. Oferecer-te-ão azeite: unge-te. A ordem que te dei, não a esqueças; a palavra que te disse, recorda-a"*. *Adapa* seguiu os conselhos de *Ea* e foi punido pelo deus *Anu*, que lhe disse: *"Adapa, por que não comestes nem bebestes? Não viverás"*. Como veremos, o teor desse mito tem relação com o bíblico em questão.

Voltemos ao texto de Gn 2,4b–3,24, no qual aparecem duas árvores. A primeira é o símbolo da vida imortal; a segunda, a do conhecimento do bem e do mal. A árvore da vida dá o seu fruto e dele o ser humano pode comer sem morrer, mas o fruto da árvore do conhecimento traz a morte junto. Como afirmamos anteriormente, essa árvore da vida é relembrada no último livro da Bíblia, o Apocalipse, o qual fala de uma árvore da vida

---

**29.** Cf. BRENNER, A. (org.). *Gênesis a partir de uma leitura de gênero*. Op. cit., p. 97.

plantada no centro da Nova Jerusalém, a Celeste (Ap 22,2). A presença novamente da árvore da vida no livro do Apocalipse coloca a Jerusalém celeste no contexto de um novo céu e uma nova terra[30]. Trata-se de uma inclusão, uma repetição da visão de Gênesis, retomada no final da Bíblia. Sabedor de sua condição mortal, o ser humano almeja a imortalidade. Ele sabe também que essa condição só é possível no Sagrado, em Deus. Por isso, o seu desejo será sempre o da imortalidade. Ninguém quer morrer – exceção para aqueles que perdem o sentido da vida.

Na mitologia, a fonte da vida está na divindade, nos deuses, os quais não aceitam repassar esse segredo para o ser humano. No texto em questão, o fato de Deus passear pelo jardim demonstra que a vida humana está, no paraíso, bem próxima de Deus. Há, no entanto, um contraste: o fruto da árvore da vida confere imortalidade, o da árvore do conhecimento do bem e do mal, a morte. Ao ser humano fica expressa a proibição divina de comer o segundo fruto (2,17). Adão e Eva comem, mas não conhecem a morte. Trata-se não de uma morte física, mas a capacidade de libertar-se de Deus, tornando-se capaz de conhecer o bem e o mal, o que lhe traria a morte.

O movimento gnóstico, que ganhou força no judaísmo e cristianismo posteriores, desenvolveu a teoria de que o conhecimento de Deus salva. Ao ser humano, após comer mitologicamente esse fruto, é conferida a faculdade de decidir pelo bem e o mal. Ele terá que pagar com a própria morte a opção feita no paraíso, de não aceitar a sua condição de criatura. A primeira consequência de tudo isso foi a perda do paraíso. O comer o fruto da árvore da vida representa a nossa vida de criança. Criança pensa que a vida é eterna. Ela não tem consciência da morte. Tendo comido o fruto da árvore do conhecimento do bem e mal, o ser humano se coloca na condição de amadurecer para conhecer a morte.

---

**30.** Cf. FARIA, J.F. *Apócrifos aberrantes, complementares e alternativos –* Poder e heresias! Op. cit., p. 12.

## Nudez

A nudez percebida pelo ser humano ao encontrar-se com Deus não pode ser considerada na perspectiva moral de vergonha, no sentido de culpa por um pecado cometido, e tampouco na linha da sexualidade. A narrativa não está preocupada com isso. Por outro lado, o medo do ser humano é perceptível a partir de sua nudez. O medo humano se resume ao fato de ter que expor a sua nudez. Como entender isso? Por terem feito algo errado, era esperado o medo, seja o da morte, seja o de ter que conhecer e assumir responsabilidades. No entanto, o medo está na nudez e não no anúncio divino da morte.

No mundo antigo, deuses eram representados nus. A nudez coloca o ser humano na condição de fertilidade, doadores da vida, que somente vem de Deus. Adão e Eva se veem como um deus diante de outro deus mais poderoso, Deus-Javé, e têm medo dele. O medo anunciado seria o da morte, caso eles comessem o fruto da árvore do conhecimento. O medo passa a ser o da vergonha de estar nu publicamente. "Adão e Eva tiveram sua primeira experiência de vergonha como pessoas a amadurecidas, por isso eles se cobrem. Em uma sociedade na qual o principal meio de controle social é a vergonha, esta primeira experiência de vergonha é crítica para o processo de socialização que acompanha o amadurecimento, e deveria ser vista positivamente"[31].

Na condição humana, somos assim, nascemos sem saber quem somos nós. A criança, na sua primeira infância, não se preocupa em expor a sua genitália porque ela ainda não está amadurecida o suficiente para se ver em um mundo marcado por diferentes. Com o passar dos anos, ela vai se conhecendo e caminhando para a vida adulta, quando terá que se reproduzir no contato com o outro, o diferente. Nesse contato, eu preciso ser eu mesmo. Um dos grandes conflitos do adolescente é a au-

---

**31.** BRENNER, A. (org.). *Gênesis a partir de uma leitura de gênero.* Op. cit., p. 95.

toafirmação e consequente anulação do papel dos pais na sua vida. Isso não era diferente na comunidade israelita que produziu esse texto.

## Costela

Por se tratar de uma parte do corpo que fica ao lado, ela representa o fato de que a mulher foi feita para ser companheira do homem e não sua escrava. Deus faz o homem dormir, lhe tira uma de suas tantas costelas, recoloca carne no lugar, de modo que ele continue perfeito; e modela uma mulher que será reconhecida como "osso do seu osso e carne da sua carne" (2,23). Agora, homem e mulher se uniram para constituir família, gerar outros seres humanos à imagem e semelhança de Deus, o Criador. O fato de o ser humano (*Adam*) ter dormido significa que ele voltou para a terra (*adamáh*) de onde ele veio. Ele morre para dele renascer outra vida, agora de sua costela, a qual representa também a solidez da nova edificação feita por Deus[32]. De forma mítica, Gn 2,22-23 está reafirmando a igualdade dos seres humanos.

Historicamente, homens usaram equivocadamente o mito para justificar a sua supremacia sobre a mulher. O fato de o homem ser criado primeiro que a mulher não implica superioridade. Interpretações alegóricas de Gn 2,21-25, como a 1Cor 11,7-12, justificou o machismo judaico. Ainda hoje, culturas, como o islamismo, insistem em subjugar a mulher, em apedrejá-la por um simples ato de adultério. Para os Padres da Igreja, a mulher teria o homem como modelo para seguir.

## Adão e o homem, Eva e a mulher

Em Gn 2,4b–3,24 há um jogo com os substantivos hebraicos: *Adam*, o "tirado da terra" que é o ser humano; *ish*, o *homem*

---

**32.** Cf. CROATTO, S. *Crear y amar en libertad*. Buenos Aires: La Aurora, 1986, p. 83.

entendido como macho; *isha,* a *mulher,* a fêmea; e *hawwâ ou hevae,* a *Eva,* mãe dos viventes. O mais usado deles no texto é ser humano, visto como uma criança que ainda não sabe distinguir as diferenças sexuais entre os humanos, bem como entre os animais, aos quais ele apenas nomeia. Quando o ser humano amadurece, ele é capaz de perceber que existe outro ser diferente dele, colocado à sua frente, que é osso do seu osso e carne da sua carne, e, por isso, ele o chama de mulher, uma fêmea que pode ser a sua esposa[33]. Isso que dizer que, mitologicamente, o ser humano está em outra fase da vida.

O uso diversificado de termos hebraicos tem o objetivo de colocar o leitor no patamar de mito. Mito que explica a sua origem como ser humano, mas também homem e mulher. Adão e Eva juntos representam o ser humano de forma geral. Separados, eles se unem como macho e fêmea para gerar a vida e cuidar dela. Adão e Eva nunca existiram como pessoas individualizadas. Trata-se de um mito. Adão e Eva somos todos nós.

Notório é o fato de a mulher ter o papel decisivo no relato. Contraditório, no entanto, é o fato de ela ser a causa da condição mortal do ser humano por ter comido o fruto da árvore proibida e, ao mesmo tempo, ser agraciada com o nobre título de geradora da vida, Eva, que, como vimos, se translitera *hawwâ,* o qual vem da foram verbal *hwh,* que se relaciona com *hyh,* que significa viver. Daí *Javé,* no nome de Deus gerador da vida. Eva é colocada na condição de geradora de vida, como Deus. *Hay* em hebraico é *vida,* que também é uma saudação em línguas modernas. Outro fato interessante é o de o substantivo homem (*ish*) ser tirado de mulher (*isha*). A mulher foi feita da costela de Adão, mas é o homem que é tirado da mulher.

---

**33.** BRENNER, A. (org.). *Gênesis a partir de uma leitura de gênero.* Op. cit., p. 96.

## Serpente

A serpente é um animal astuto, feito por Deus, e falador, embora estejamos tratando de um mito e não de uma fábula (3,1). Por que a serpente entra em cena? Qual a sua relação com a mulher e Deus?

A serpente repete a fala de Deus, faz promessa, mas deixa a responsabilidade para a mulher. Nisso está o seu modo astuto de proceder. No entanto, nem a serpente, nem a mulher e nem o ser humano foram capazes de assumir a responsabilidade pelos atos praticados. Amadurecer exige responsabilidade, e nem todos estão preparados. A serpente representa a imortalidade. O ser humano, no contato com a serpente, almeja para a si a imortalidade que dela emana. Não por menos, serpente, em aramaico *jiwya,* deriva da raiz *jwy,* que significa viver ou fazer viver, que se relaciona de forma semântica com o hebraico *jweh*, o nome de Deus revelado a Moisés (Ex 3). Javé se traduz por Eu sou aquele que sou, o Deus da Vida que se dá a conhecer. A serpente no mundo antigo tinha vários simbolismos, relacionados, sobretudo, com a vida e o poder opressor de um país. Por isso, no Egito, o faraó tinha uma serpente sobre a sua cabeça, para representar o seu poder, a vida e sua imortalidade. O poder do faraó passava pela serpente, a imortal. A serpente era símbolo de vida pelo fato de ela viver sobre a terra, a grande mãe. Ademais, a serpente troca de pele todos os anos. Na mitologia grega, a vara do deus da medicina possui serpentes enroscadas, o que permanece até hoje como símbolo na área médica. Na Babilônia, a divindade principal, Marduk, era representada por uma serpente-dragão. Vários mitos trazem a serpente como símbolo de vida, como no caso de Ningiszida, o Deus-serpente que custodia a árvore da verdade. Em Israel, a partir de Gênesis, a serpente passou a significar a força do mal e expressão religiosa, uma concorrente de Javé, o Deus de Israel. De muitos sentidos simbólicos, a serpente se reduz a um só. Essa passagem simbólica e mitológica da serpente em Gênesis pode ter ocorrido a partir da influência do zoroastrismo persa, no pós-exílio. Nessa visão, a serpente tem seu poder terreno, ligado à terra. Em Canaã e Israel, era conhecido o culto de fertilidade ligado à serpente e ao touro. O símbolo da serpente estava no próprio Templo de Jerusalém. Descobertas arqueológicas em Canaã comprovam a existência de anéis com selos e carimbos com a serpente. Nesse contexto, não fica difícil compreender a presença da serpente em Gn 2–3, bem como a sua relação com a mulher, que acabou cedendo ao seu convite tentador.

Depois desse ocorrido, a mulher passa a ter dores de parto. Assim como a serpente, que representa a fertilidade, a mulher torna-se fecunda, mas com dores. Mulher e serpente são desqualificadas na narrativa mítica[34]. Por outro lado, a mulher também, por causa da ação da serpente, torna-se súdita do homem. Ela terá desejo verso ele, que a dominará (3,16), é a terrível sentença de punição para a mulher. Contrário a Gênesis, Ct 7,17, afirma: "Eu sou do meu amado, seu desejo o traz a mim". Esse livro faz oposição ao pensamento de Gênesis, propondo que o amor, a relação homem e mulher não é para gerar filhos, mas para o prazer. Nessa relação está a "faísca de Deus" (Ct 8,6). Voltemos a Gn 3,16, onde o homem passa a governar a mulher. E se esse era o desejo da serpente e, considerando a sua relação com os poderes reais do faraó e monarquia israelita, podemos afirmar que há uma transferência de domínios, mantendo a cadeia de dominação. A parceria entre a mulher e a serpente resulta em opressão. Pelo fato de o homem ter aceitado a proposta dela, receberá a punição do trabalho exaustivo na terra, que se torna maldito por causa da atitude de desobediência humana (3,17). O poder da serpente leva o homem a viver de suor e fadigas. A serpente, o poder dominador, precisa desse trabalho forçado

---

**34.** Cf. REIMER, H. "A serpente e o monoteísmo". *Hermenêuticas Bíblicas –* Contribuições ao I Congresso Brasileiro de Pesquisa Bíblica. São Leopoldo/ Goiânia: Oikos/UCG, p. 119.

para sobreviver[35]. O homem se torna pó da terra e morre de tanto trabalhar. O mito explica o sofrimento pelo viés da opressão, que o lavrador conhecia.

---

**35.** Cf. SCHWANTES, M. *Projetos de esperança* – Meditações sobre Gênesis 1–11. Petrópolis: Vozes, 1989, p. 80-81.

# 14

# Gn 2,4b–3,24 como fonte de inspiração

Esse clássico texto da literatura bíblica foi, ao longo da história da humanidade, fonte de inspiração para tantos outros, para pinturas, discursos poéticos, teológicos e moralistas, sobretudo em relação à criação do homem e da mulher.

O filósofo Aristóteles (384-322 a.E.C.) afirma: "A mulher é como se fosse um homem frustrado, um macho defeituoso. Considerando em relação com a natureza particular, a mulher é algo imperfeito e ocasional. Porque a potência ativa que reside no sêmen do varão tende a produzir algo semelhante a si mesmo, o gênero masculino. O nascimento de uma mulher se deve à debilidade da potência ativa, ou melhor, da má disposição da matéria, ou também de uma mudança produzida por um agente exterior, por exemplo, os ventos austrais, que são úmidos, tornando fraco (constipado) o espermatozoide que gera a mulher"[36]. Nessa visão, a mulher é o resultado do fracasso do sêmen masculino. Ela é um homem frustrado porque ela não faz parte do projeto da natureza particular. O sêmen masculino procura dominar a substância reprodutiva feminina. Quando isso não ocorre, nasce a mulher. O sêmen masculino é forte, e a ação reprodutiva da mulher, que está no sangue, é fraca. Nessa época, ainda não se tinha conhecimento do óvulo feminino.

Santo Agostinho (354-430 E.C.) interpretou Gn 2,4b–3,24 na perspectiva do pecado original como queda do ser humano e sua consequente perda do paraíso. Ele diz: "Os primeiros pais no paraíso não tiveram união sexual, porque depois de ser for-

---

**36.** Cf. ARISTÓTELES. *De Generat Animal*, 12.C3.

mada a mulher, eles foram expulsos do paraíso por causa de seu pecado, ou porque esperavam o a fixação do tempo da união"[37]. Com Agostinho, a mulher na igreja passou a ser vista como culpada pelo seu ato transgressor.

O teólogo Tomás de Aquino (1225-1274 E.C.) rebate Aristóteles, autor em voga na Idade Média, quando afirma: "No entanto, se considerarmos a mulher em relação com toda a natureza, não é algo ocasional, mas algo estabelecido pela natureza para a geração. A intenção de toda a natureza depende de Deus, autor mesmo, que ao produzi-la, fez o homem e a mulher"[38]. Tomás de Aquino situa Aristóteles no seu contexto e não concorda que a mulher é um macho defeituoso. Para ele, a criação da mulher não depende da ação do sêmen, mas da natureza divina. A mulher planejada e criada por Deus no início do mundo e não pode ser defeituosa. Ademais, explicando a criação da mulher a partir da costela de Adão, Tomás de Aquino diz que a mulher não foi formada da cabeça do homem, porque ela não deve dominá-lo. Tampouco não foi formada de seus pés, para que ela não fosse desprezada pelo homem, como se fosse sua serva[39].

A esperança de retorno ao paraíso perdido e a saudade dele foram e, continuam sendo, objeto de desejo dos humanos, sejam eles judeus ou cristãos. Na sinagoga judaica, a árvore da vida recebe os nomes dos falecidos. Nas igrejas cristãs, Jesus é o caminho, a verdade e a vida de Gn 2,4b–3,24. Com a sua morte, o seu sangue derramado na terra outrora maldita, a vida eterna volta a ser condição para o ser humano, que ressuscitará com Ele. A morte redentora de Jesus dá ao ser humano a possibilidade de viver na liberdade, perdida com a "queda do paraíso", e pela Graça retornar a Deus. A Graça de Deus recebida com o perdão dos pecados nos livra do passado adâmico, ensina a Igreja Católica.

---

37. Cf. IX *Super Gen*. Add litt C.4.

38. Cf. AQUINO, T. *Summa Theológica* – Tratado do homem. Art. 1: Sobre a questão da mulher, questão 92.

39. Ibid, 92,3.

# 15

# Gn 4,1-16: mito da condição violenta do ser humano, seu destino e relação com o sagrado
Caim fez bem ou mal em ter matado Abel?

Abel e Caim, personagens fictícios da narrativa de Gn 4,1-16, fazem parte de um mito, uma história de culpa e castigo de dois irmãos, um agricultor e outro, pastor, que ficou na Bíblia como explicação do destino do mal e do malvado na história da humanidade.

A violência estava já presente nas origens e parece ser congênere ao ser humano. Não há quem não tenha um dia agido com violência, não importa qual seja ela. Caim e Abel são todos e quaisquer seres humanos na difícil tarefa de procurar um relacionamento que não seja o do interesse, da inveja e do ciúme. Esse mito quer simplesmente explicar essa máxima da condição humana e nos inquietar com a pergunta: O que fazer para eliminar o mal que mora acuado dentro de cada um de nós? Caim fez bem ou mal em ter matado Abel?

Violência gera violência. Não basta revidar um ataque terrorista com outro. Com certeza, a resposta será imediata. Em nossos dias, cresce cada vez mais a violência em seus mais variados modos: corporal, moral, econômico, social, político, religioso. A violência hoje se chama droga, ataque terrorista, corrupção política, favela etc. A classe média brasileira nunca gastou tanto em sistemas de segurança, como se isso fosse a solução para o problema da violência. Enquanto não houver justiça social, a famosa frase de Plauto, dramaturgo romano que viveu no século III a.E.C., na peça Asinaria II, 4.88: *Homo homini lupus* – o homem é o lobo do homem –, continuará a imperar.

Infelizmente, o sonho de uma sociedade nova, de um ser humano novo, parece cada vez mais distante. O que, no entanto, não nos impede de perguntar pelo porquê da violência e sua origem, bem como de buscar caminhos de harmonia e de fraternidade universal. Para isso, Deus nos criou à Sua imagem e semelhança.

Para refletirmos sobre a nossa conduta humana violenta, o mundo antigo nos brindou com o mito de Caim e Abel, o qual pode ser relido em nossos dias à luz do confronto entre oriente islâmico e ocidente cristão e neoliberal, evidenciado na guerra entre Bin Laden e Estados Unidos. George Bush, na época presidente dos Estados Unidos, afirmou que o seu povo não iria dormir em paz enquanto não encontrasse e destruísse os culpados do inesquecível atentado terrorista de 11 de setembro de 2001 às Torres Gêmeas, em Nova York, e no Pentágono, em Washington. Dez anos depois, em 2 de maio de 2011, o líder desse atentado e da rede Al-Qaeda, Osama Bin Laden, foi morto com um tiro na cabeça pela elite do exército americano na cidade de Abbottabad, a 100km de Islamabad, no Paquistão. Com ares de vencedor da guerra travada contra o violento terrorista, o então presidente norte-americano declarou: "Nesta noite, posso relatar ao povo americano e ao mundo que os Estados Unidos conduziram uma operação que matou Osama Bin Laden, o líder da Al-Qaeda, e um terrorista que é responsável pelo assassinato de milhares de homens, mulheres e crianças inocentes. Justiça foi feita".

A violência nunca vai chegar ao fim. Outros terroristas surgem. Outros violentos matam. A violência, então, faz parte da condição humana? Sim. A origem da violência está em cada um de nós e na relação que mantemos com o sagrado. O uso arbitrário do poder origina a violência, que, por sua vez, gera a injustiça, a insegurança e o afastamento de Deus. É o que propôs o antropólogo francês René Gerard, em seu livro *A violência e o sagrado*[40], no qual afirma que a violência está na base da sociedade e da cultura, sob a forma dissimulada do bode expiatório. Cada um deseja o que o outro deseja, o que desencadeia uma rivalidade constante e ameaçadora, que se identifica com o sagrado, potência sobrenatural opressora, externa ao ser humano, verso o qual a humanidade tem sempre um sentimento de atração e repulsa ao mesmo tempo. Por isso, o bode expiatório, sacrificado em um ritual, serve para apaziguar e controlar a violência. Sacrifica-se um e todos ficam contentes. A culpa fica assim atribuída ao bode. E a violência se apazigua momentaneamente. Será isso mesmo?

Vejamos como a violência é tratada no mito de Caim e Abel e, na sequência, em um mito também de violência e mais antigo que o bíblico, o dos deuses egípcios, os irmãos Osíris e Seth.

### Gn 4,1-16

*Adão conheceu Eva, sua mulher. Ela engravidou, gerou Caim e disse: Adquiri um homem, com a ajuda do Senhor. Ela gerou ainda o irmão dele, Abel. Abel apascentava as ovelhas, Caim cultivava o solo. No fim da estação, Caim trouxe ao Senhor uma oferenda de frutos da terra; também Abel trouxe primícias dos seus animais e a gordura deles. O Senhor voltou seu olhar para Abel e sua oferta, mas de Caim e da oferenda que trouxera desviou o olhar. Caim irritou-se muito com isto, e seu semblante ficou abatido. O Senhor disse a Caim: Por que te irritas? E por que o teu rosto está abatido? Não é assim: se fizeres o bem, o levantarás, e se não fizeres o bem, o pecado jaz à tua porta como um animal acuado que te deseja? Mas tu, domina-o. Caim falou a seu irmão Abel: "Saiamos" e, quando foram ao campo, Caim atacou seu irmão Abel e o matou. O Senhor disse a Caim: Onde está o teu irmão Abel? Não sei,*

---

**40.** Cf. GERARD, R. *A violência e o sagrado*. São Paulo: Unesp/Paz e Terra, 1990, p. 333.

*respondeu ele. Sou eu o guarda de meu irmão? Que fizeste? Ele retrucou. A voz do sangue do teu irmão clama do solo a mim. És agora amaldiçoado, banido do solo que abriu a boca para recolher da tua mão o sangue do teu irmão. Quando cultivares o solo, ele não te dará mais a sua força. Serás errante e vagabundo sobre a terra. Caim disse ao Senhor: Meu crime é pesado demais para carregar. Se hoje me expulsas da extensão deste solo, serei expulso da tua face, serei errante e vagabundo sobre a terra, e todo aquele que me encontrar me matará. O Senhor lhe disse: Pois bem! Se matarem Caim, ele será vingado sete vezes. O Senhor pôs um sinal sobre Caim para que ninguém, ao encontrá-lo, o ferisse. Caim se afastou da presença do Senhor e habitou na terra de Nod, a leste de Éden*[41].

## Osíris e Seth

No Egito era conhecido o mito de dois irmãos, *Osíris* e *Seth*. Osíris, que governou o Egito com técnicas novas de agricultura e domesticação de animais, foi morto pelo seu irmão, *Seth*, o qual estendia seu domínio sobre o deserto. *Seth*, não muito afável à vida no deserto e movido pela inveja, preparou um plano para matar o irmão, *Osíris*, a quem ele convida para um banquete, no qual é apresentada uma caixa-sarcófago que seria presenteada a quem nela coubesse. Nenhum dos presentes, exceto *Osíris*, coube, visto que ela fora preparada pelo irmão com a sua medida. No exato momento em que Osíris entrou no sarcófago, setenta e dois aliados de *Seth*, presentes ao banquete, fecharam-no e o atiraram no Rio Nilo, sobre o qual ele desce, cai no mar e chega em *Biblos*, na Fenícia. Encontrado pela esposa de *Osíris*, *Isis*, ela retira o corpo e o leva de volta para o Egito. Seth toma o corpo do irmão, esquarteja-o em quatorze pedaços e os espalha pelo Egito. Isis, mais uma vez, sai à procura dos pedaços do corpo do marido. Encontrando todos, exceto o pênis, que tinha sido

---

**41.** Cf. Bíblia de Jerusalém.

devorado por peixes, ela os reúne, substitui o pênis por um caule vegetal, mumifica o corpo, se transforma em uma ave, milhafre, bate asas sobre o corpo e o ressuscita. Com ele tem uma relação sexual, da qual nasce o filho *Horus*, que mais tarde vinga o pai matando *Seth*.

## Gn 4,1-16: elementos mitológicos

A violência entre irmãos no mito egípcio e no bíblico põe em evidência a temática da violência nas origens, seja no mundo dos deuses, seja no dos humanos. Em ambos os mitos há uma disputa de poder, que gera violência, entre cidade/agricultor e campo/deserto.

Agora, voltemos nossa atenção para os elementos mitológicos em Gn 4,1-16, passagem que pode ser dividida em três partes, a saber:

1) Vida dos irmãos e Caim e Abel (v. 1-5a).

2) Tentação de Caim (v. 5b-7).

3) Fratricídio de Caim e sua punição (v. 8-16).

Vida, tentação e fratricídio formam a tríade dessa narrativa mítica com elementos de conto. A passagem procura explicar como os seres humanos foram se multiplicando. Adão conheceu, no sentido bíblico, teve relação sexual com Eva (Gn 4,1). O mesmo ocorrerá com Caim, ao ser condenado por Deus a ser um errante pelo mundo. "Caim conheceu sua mulher, que concebeu e deu à luz Henoc" (Gn 4,17). Estamos na esfera mitológica e não diante de um fato real, como se Adão, Eva, Caim e Abel fossem os primeiros. Tanto os progenitores, Adão e Eva, como Caim, por terem agido com violência, foram expulsos do paraíso e se afastaram da presença de Deus e encontraram outras pessoas (Gn 3,24; 4,16).

# 16

# Elementos mitológicos: Caim, Abel, oferenda, animal acuado, campo, sinal do errante

## Caim

Filho primogênito da relação sexual entre Adão – Adam, o ser humano, o tirado da terra – *Adamáh* – e não *'ish* – o homem, o macho, com Eva, a sua mulher – a mãe dos viventes e a sua fêmea. Adão teve relações sexuais com Eva. O verbo hebraico *iada'* é, normalmente, traduzido por conhecer, significando de forma eufêmica a relação sexual. Na verdade, o seu sentido é penetrar e, daí, o sentido de ter relações (Gn 38,26).

Assim, Adão penetra Eva, sua mulher, ela engravida e dá à luz Caim. Em seguida, ela exclama: "Adquiri um homem (varão) – em hebraico *'ish* e não um *ben* (filho) como era o esperado – com a ajuda de Deus" (v. 1). A tradução também poderia ser: "Criei/gerei um varão com Deus". Deus é a fonte de fecundidade. Ele é o gerador da vida. O filho que nasce de Eva já é um homem adulto, que terá um futuro brilhante, pois nasce com traços divinos. Há também uma versão do mesmo mito que apresenta Eva como uma deusa fecunda[42]. Em Gn 6,1-4, texto que veremos adiante, fala-se de heróis semideuses, os gigantes, que nasceram da união seres humanos e divinos, isto é, das filhas dos homens com os filhos de Deus.

---

**42.** Cf. SCHOKEL, L.A. *¿Dónde está tu hermano?* – Textos de fraternidad en el libro del Gênesis. Valência: Verbo Divino, 1990, p. 25.

Mitologicamente, Caim nasce como um semideus, dotado de poderes divinos. Esse fato é importante, pois ele será um dos geradores da violência, na relação com o seu irmão Abel, o nada poderoso. Caim é ainda o primogênito, fato que lhe conferia poderes e direitos. Em caso de herança paterna, o primogênito, na lei mosaica, recebia parte dupla (Dt 21,17), tinha poder sobre os irmãos, sucedia o pai como chefe de família e recebia bênção particular (Gn 27,29-37; 49,4.8). No relato, no entanto, é o segundo filho, Abel, o preferido de Deus. Com Caim, visto que os seus direitos não foram levados em consideração, instaura-se a violência como consequência. Caim vê os seus direitos roubados, grita por eles e torna-se, consequentemente, um violento.

Em hebraico, assim como no árabe, o substantivo *qaîn* significa ferreiro, laminador. Ele deriva da raiz verbal *qnh,* que, por sua vez, significa comprar, obter, fundar, criar, procriar. Daí o jogo com o nome de Caim, o procriado ou adquirido por Eva com a ajuda do Senhor.

O fato de Caim significar ferreiro, profissão que surgiu lá pelo ano 1200 a.E.C., evidencia a importância mitológica da escolha desse nome para um dos filhos de Adão e Eva. Caim, mais tarde, terá filhos, e da sua descendência sairá um que será chamado de Tubal-Caim, isto é, o pai dos laminadores em cobre e ferro.

Caim é o fundador de cidade – informação que aparece em Gn 4,17, quando afirma que Caim teve relações com sua mulher, que gerou Henoc. Caim se torna um construtor de cidade, à qual deu o nome de seu filho Henoc. Nisso residem duas afirmativas: primeira, o fratricida, o criminoso Caim funda uma cidade para se proteger; segunda, o mundo urbano é duramente criticado[43]. Evidencia-se, assim, a rivalidade entre campo e cidade e a opressão advinda dessa relação. A trama entre Abel e Caim é a briga entre a cidade e o campo. As cidades, naquela época, começavam a despontar no cenário social, tendo como consequência a exploração dos camponeses.

---

43. Cf. CHOURAQUI, A. *No principio.* Rio de Janeiro: Imago, 1995, p. 71.

Caim é também o ferreiro, profissão que "gozava de uma fama fora do comum em toda a Antiguidade. Boa e má. Era respeitado, venerado e também temido e odiado. Tudo isso devido à sua profissão e à sua ligação com o céu e o inferno. Antes de qualquer coisa, ele era um artesão e um técnico que conhecia o segredo da transformação dos metais, bronze e ferro. Fabricava instrumentos de utilidade doméstica, religiosa e militar: lanças, espadas, machados, facas, setas, martelos, ídolos, amuletos, imagens dos gênios ancestrais. O ferreiro tinha fama de mago e feiticeiro. Fora colaborador dos deuses na criação do mundo e arquiteto dos seres. Chamavam-no 'Senhor do fogo', porque transformava a matéria, endurecia o metal, criava formas novas em sua forja. Fazia até instrumentos para os deuses: o rio era obra sua. O forno químico do mundo foi preparado pelo ferreiro. Desse forno saiu o universo com tudo o que existe. Seus títulos de glória causavam inveja até nos deuses: fundador de cidades, herói protetor da aldeia, primeiro homem das classes nobres. Ensinou como abater os animais com instrumentos de ferro. Trouxe do céu o fogo e as sementes. Era também médico que curava as doenças e preservava do mau-olhado. Chamavam-no de mágico satânico, benfazejo e maléfico, pois usava de sua técnica a favor de e contra homens e deuses. Ninguém mais categorizado para ser chefe das aldeias, representantes das comunidades, ministros nas cortes, construtor de cidades. O ferreiro era considerado cantor, profeta e adivinho. Enquanto trabalhava, entoava hinos, proferia palavras mágicas e criava obras admiráveis. Era poeta, dançarino, taumaturgo. Devido a essas qualidades todas, não era um homem comum. Vivia retirado da sociedade, nas cavernas, no centro da terra, na fornalha dos vulcões. Vulcano é o nome de um deles, bem como um dos deuses da mitologia grega. O próprio nome já indica sua profissão e moradia. O ferreiro carregava no corpo sinais típicos e visíveis. O ferreiro é defeituoso, coxo, estropiado, caolho, maneta, anão ou de corpo gigantesco. Tem às vezes forma de demônio. As marcas que leva no corpo são castigos dos deuses, por causa de seus poderes mágicos. Os deuses sentiam-se enciumados pela usurpação dos poderes divinos e pelo roubo dos segredos do céu. Apesar disso e por causa disso, seu *status* é fora do comum. Devido à sua ligação com mundo além, céu e inferno, ele goza de imenso prestígio. É chefe, é nobre, é semideus e até deus. Os deuses da tempestade são ferreiros que golpeiam com seus martelos, provocando o ruído dos trovões. Mas todo mundo sente pavor de tanto poder. Em razão de tantos títulos, ele é também odiado, desprezado, marginalizado, maldito, intocável, impuro, pária. Não pode se casar com moças da tribo, pois traz azar para a comunidade"[44]. Essa semântica do nome Caim reforça a forma figurada da violência e o considerado violento, no caso, o ferreiro, de onde provém o nome de Caim. Dessa mesma forma, a cidade violenta o campo. Caim, o fundador da cidade, representa a violência contra o campo.

Há também outra tradição que associa o nome Caim ao povo da tribo dos cainitas ou quenitas, os quais habitavam no deserto de Judá (Nm 24,21-22). Eles adoravam o deus libertador chamado Javé, nome que Moisés teria tomado deles para nominar o Deus (El) dos pais que havia libertado o povo do Egito. Os quenitas também teriam se libertado junto com o grupo de Moisés e se associado a ele no deserto. Essa tribo era considerada vingativa, como seu antepassado. Nela havia o mito da rivalidade entre pastor e lavrador[45].

### Abel

Filho também de Adão e Eva, mas com um detalhe importante: Abel é o irmão de Caim. A passagem de Gn 4,1-16 afirma essa relação familiar sete vezes: 2a, 8a, 8b, 9a, 9b, 10 e 11. Abel confe-

---

**44.** Cf. ARANA, A.I. *Para compreender o livro de Gênesis.* São Paulo: Paulinas, 2003, p. 78.

**45.** Cf. DE SOUZA, R.C. *Palavra parábola* – Uma aventura no mundo da linguagem. Aparecida: Santuário, 1990, p. 16-17.

re irmandade ao primeiro filho de Adão e Eva, mesmo que Caim não o quisesse. Mais tarde, Caim será cobrado pela sua atitude má contra o irmão. Deus lhe pergunta pelo paradeiro de Abel.

Considerando a questão da violência, o mito quer deixar claro que desde a origem somos irmãos, filhos de pais oriundos de um paraíso, seres humanos criados por Deus, mas que promovem a violência, quando optam por deixar o paraíso e não aceitar a condição de irmandade.

O substantivo hebraico *hêbêl*, Abel em português, significa vento, sopro, hálito, respiro, vapor, névoa, fumaça, vão, fútil, inútil, vaidade, fugaz, coisa caduca, que flui rapidamente, que desaparece, frustração, ilusão, mentira, aborto, desengano, luto, lamento, choro. Vários textos bíblicos fazem uso de *hêbêl* com os significados mencionados (Is 49,4; Sl 31,7; Ecl 4,4.8.16; 5,6; 6,2.11). Abel é o representante da tragédia humana, na sua fugacidade. O livro do Eclesiastes, quando diz que "tudo é vaidade das vaidades" (Ecl 1,1) usa o substantivo *habel*. Tudo é fumaça, tudo é passageiro. Abel é símbolo de todas as frustrações do ser humano: luto, dor, fraqueza. O Abel do segundo filho de Eva quer mostrar a fragilidade do ser humano, já no início da criação, não obstante o triunfo magistral do seu antecessor, Caim. Abel representa também todo Adão, ou seja, aquele que veio do pó da terra. Assim, Eva dá à luz Abel, aquele que "nasceu somente para morrer" e explicar mitologicamente o motivo da violência humana impetrada pelo seu próprio irmão, que não aceita ter um irmão, alguém que lhe é semelhante.

## Oferenda

Segundo as leis judaicas, as oferendas deveriam ser os primogênitos do rebanho e o melhor das primícias da terra (Ex 34,19-20.22.26). Caim ofereceu a Deus produtos e do solo, e Abel, as primícias e a gordura de seu rebanho (v. 3-4). Em conformidade com esse preceito, Deus aceita a oferta de Abel e rejeita a de Caim. Tudo dentro da normalidade, segundo a lei judaica do sacrifício, se não fosse a nossa dificuldade em compreender a rejeição de uma oferta em detrimento da outra. Quais os motivos para essa atitude divina? Como compreender a violência nesse fato?

O texto afirma que Caim torna-se um agricultor, profissão que era a mais comum entre os israelitas. Mitologicamente, Caim torna-se aquele que explica essa profissão, que também era do pai, Adão (Gn 2,15). Até aqui, tudo bem. No entanto, o fato de o irmão Abel ser um pastor, um criador de uma nova cultura, não somente indica as diferenças culturais da época, mas contribui para a instauração da violência entre as culturas, entre cidade e campo, entre irmãos.

A explicação da violência nas origens, ou até mesmo da aceitação da condição humana e sua relação com o Sagrado, que tem sua preferência, parece ser o que demonstra o mito. Quando Caim faz a oferta de suas primícias da terra, e Abel, a dos animais e sua gordura, Deus declara-se favorável à oferta de Abel e contrário à de Caim. Deus faz a sua escolha, Ele tem uma preferência, o que é normal também na condição humana, na irmandade[46]. Escolher é questão de preferir, mas não de rejeitar. Escolhe-se uma roupa, deixando outra de lado; a segunda não é de todo ruim, nem deve ser eliminada.

As várias interpretações desse fato, ao longo dos séculos, procuraram colocar a culpa em Caim. O Rabino Eliezer conclui que a culpa é de Caim, pois ele é o filho malvado, diabólico, visto que nascera da relação de Eva com a serpente; já Abel é fruto da relação normal entre Adão e Eva. Abel é o humano e bom[47]. Vários foram os intérpretes que seguiram essa linha de pensamento. A questão é que não se trata de justificar a atitude

---

**46.** Cf. SCHOKEL, L.A. *¿Dónde está tu hermano?* – Textos de fraternidad en el libro del Gênesis. Op. Cit., p. 29.

**47.** Cf. FERNÁNDEZ, M.P. *Los capítulos de Rabbí Eliezer.* Valência: Verbo Divino, 1984, p. 162.

de Deus a partir de Caim, mas de demonstrar a opção divina e a condição humana de irmandade e de diferença. Cabe ao ser humano aceitar esse modo vivente. Quem não compreende isso se torna um violento, como Caim.

Outra interpretação desse fato consiste em atribuir a Deus a culpa, pois Ele agiu de forma injusta com Caim, que, por isso, protestou e tornou-se um violento. Sendo assim, a violência tem sua origem em Deus mesmo[48]. No entanto, melhor seria aceitar que o autor do texto somente quis constatar uma realidade humana que comporta rejeição e aceitação. Mais do que isso, não há como avançar, visto que o autor nãos quis dar os motivos para o ato divino.

### Animal acuado

Após a escolha de Deus, era normal que *"Caim se irritasse com o fato, ficando com semblante abatido"* (v. 5b). Caim está irritado, sente-se desfraldado, sua situação é injusta e insuportável. Com isso, o seu semblante só podia ficar abatido. A tristeza misturada com a ira o dominaram. E quem não fica assim, ao sentir-se vilipendiado, ainda mais por Deus? Nesse sentido, é normal Caim sentir-se movido a fazer o mal, isto é, ser tentado a agir de modo errado. Essa tentação está dentro de cada um de nós. Por pior que seja alguém, ele quer sempre eliminar aquilo que o impede de ser. O bandido não nasce bandido. Ele é feito bandido. O terrorista é gerado por sistemas iníquos. Afirmou o líder do movimento terrorista Taliban: "Saibam Israel e seu comparsa Estados Unidos, que nós somos fruto do mal que ele nos faz". E, como protesto, os talibans desfilaram sobre as bandeiras de Israel e dos Estados Unidos. Violência gera violência.

Diante da atitude de Caim, Deus lhe diz: *"Por que te irritas? E por que o teu rosto está abatido? Não é assim: se fizeres*

---

**48.** Cf. WESTERMANN, C. *Genesis, 1* – Teil Band: Genesis 1–11. BK I/1. Neukirchen, 1976, p. 406-410.

*o bem, o levantarás, e se não fizeres o bem, o pecado jaz à tua porta como um animal acuado que te deseja? Mas tu, domina-o".* Essa fala mostra um diálogo imaginário entre Deus e Caim, o qual é, na verdade, a voz interior que está dentro de cada um de nós. A comunidade do texto procura resposta para a situação angustiante que nos assola. A pergunta desconcertante de Deus conclama Caim a fazer o bem, a agir com justiça, de modo que ele, tendo a cabeça levantada, receberá de Deus o seu favor. O fato de Deus não ter aceitado a oferta de Caim não significa necessariamente que Ele o rejeitou. Deus intervirá em nosso favor. Basta fazer o bem, o resto fica por conta de dele. A tristeza no rosto é o sinal evidente de que Caim está agindo mal.

O agir mal de alguém se transforma em um animal acuado à porta de nossas casas, esperando para dar o bote. O animal acuado é o símbolo do perigo, da tentação que deve ser dominada. Ele mora dentro de cada um de nós. Está sempre pronto para nos atacar, e pela porta de nossa vida. Porta é lugar da entrada, da consciência que controla o nosso agir. O animal acuado é interpretado como o pecado que nos acompanha sempre. Ele está sempre pronto e perto de nós para entrar em ação e nos levar a fazer aquilo que não queremos. O pecado se aproxima dos que agem injustamente. O pecado, a violência nas origens, simbolizada no animal, está sempre acuado, atrás da porta para dar o bote inesperado. Os animais mitológicos dos templos assírios eram representados agachados e acuados nas portas dos mesmos. Basta que eu deseje o que outro tem ou me sinta lesado nos meus direitos para que o animal entre em ação. E quanto mais violento for o animal, maior será o mal. A decisão de agir em favor do bem ou do mal cabe a cada um de nós. Nisso está o sagrado mistério da liberdade. Caim deve fazer o bem ou deixar o animal acuado entrar em ação. Eva, sua mãe, acabou sendo enganada, por não ter sido capaz de discernir o falso discurso da serpente, tampouco de controlar o seu desejo.

Caim, mitologicamente, somos todos nós, chamados por Deus que nos criou livres para dominar a paixão desordenada (pecado) e a sermos fraternos. A decisão é nossa. E Caim decidiu matar o seu irmão[49]. Ademais, somos chamados a lidar com as nossas frustrações. Decepções e incapacidade de ser aquilo que gostaríamos de ser, quem já não passou por essa situação? O segredo, assim nos ensina o mito Caim e Abel, consiste em saber administrar essa condição humana.

Com Caim e Abel é retomada a condição humana do ser imagem e semelhança de Deus (Gn 1,26), o que implica dominar sem violência o animal que está dentro de cada um de nós. Nesse sentido, vale recordar um episódio na vida de São Francisco de Assis. Nascido no ano de 1182, na bucólica Assis, cidade italiana que ainda se conserva medieval, ele foi o homem que marcou o seu tempo pelo seu amor à natureza. Não por menos, a ele é atribuído o Cântico do Irmão Sol. Patrono da Itália, ele é lembrado como o homem da "Paz e do Bem". Natureza, paz, harmonia formam o tripé da mística franciscana pela não violência. Diz uma legenda sobre São Francisco que, certa feita, quando ele morava na cidade de Gúbbio, um grande e feroz lobo atacava os moradores da cidade. O povo passou a não mais sair da cidade por medo da fera. São Francisco foi até o local, onde estava o lobo. À sua presença, o lobo se lançou aos seus pés. Francisco lhe propôs a paz entre ele, o lobo, e os moradores da cidade. Estes lhe ofereceriam alimento e ele não lhes faria mal. A história continua dizendo que o pacto foi selado, demonstrado pelo gesto do lobo de colocar o seu pé direito da frente sobre a mão de São Francisco. Este gesto fora repetido depois diante da população de Gúbbio. E o lobo entrava e saía tranquilamente da cidade, morrendo dois anos depois, de velhice (*I Fioretti*, 21).

Essa história, por mais lendária que seja, nos remete ao tema da violência, aqui representada pelo lobo. Como vimos,

---

**49.** Cf. SCHOKEL, L.A. *¿Dónde está tu hermano?* – Textos de fraternidad en el libro del Gênesis. Op. cit., p. 34.

relembrando o filósofo Plauto, "O homem é o lobo do homem". O lobo mora dentro de cada um de nós, como um animal acuado pronto para dar o bote. Também nos é familiar a máxima: "Violência gera violência". O medo do lobo violento nos faz violentos. São Francisco de Assis continua sendo um exemplo de busca de harmonia com a natureza, com o lobo e os lobos que moram dentro de nós. "Senhor, fazei de mim um instrumento de vossa paz", diz a oração atribuída a São Francisco. Paz é estar inteiro, completo. É não estar e nem ser um ser violento. Como fazia o lobo de Gúbbio, a violência mutila e nos impede de ser harmônicos. Há de se manter vivo o sonho e a esperança de um mundo íntegro na sua relação entre seres humanos, animais e natureza. O lobo e os animais, mitologicamente, estão sempre procurando se encontrar com o ser humano para dizer que não querem ser violentados. O nosso desejo é que o lobo-homem deixe de ser violento, que o lobo deixe de ser lobo-homem, e ambos vivam na paz e no bem.

A São Francisco de Assis também foi atribuída a invenção do presépio. Num bosque, em Gréccio, na região da Úmbria italiana, Francisco, juntamente com os camponeses, um boi e um jumento, e uma imagem de barro do menino Jesus, encenou o nascimento de Jesus. Diz-se que, quando Francisco pegou ao colo a imagem, esta lhe sorriu. O teatro criado por São Francisco ganhou o nome de presépio e se espalhou pelo mundo para significar o nascimento singelo de Jesus na manjedoura de Belém. Os dois animais usados por ele, o boi e o jumento, representavam, na mitologia egípcia, as figuras rivais dos irmãos *Seth* e *Osíris,* como vimos anteriormente. Quisera Francisco, naquele tenebroso inverno de 24 de dezembro de 1223, propor a reconciliação entre os opostos, na alcunha dos irmãos egípcios, prefigurado nos irmãos Caim e Abel. Todos os seres humanos, na sua diversidade, são chamados a viver em paz e harmonia, mesmo que isso não seja a sua condição nata.

## Campo

Caim, como um animal e tomado de ódio, cai sobre o seu irmão e o mata. Assim, o primeiro assassinato realizado entre os seres humanos foi violento. Chegou a ser um fratricídio, um irmão matou o seu próprio irmão de forma premeditada. Caim convidou Abel para ir ao campo. Por outro lado, esse não foi o primeiro assassinato, mas o modo encontrado pelo autor bíblico para explicar os muitos assassinatos e a violência instaurada e institucionalizada na época em que o texto foi escrito. A resistência à violência implicava também encontrar uma explicação originária para ela.

E Caim disse ao seu irmão Abel: "*'Saiamos' e, quando foram ao campo, Caim atacou seu irmão Abel e o matou*" (v. 8). O violento "Caim" escolhe o campo, lugar solitário e sem testemunhas, para realizar a violência. A injustiça é feita às escondidas, e o malvado procura esconder as pegadas de sua violência.

Santo Ambrósio[50], comentando acerca do campo, afirma que se trata de um lugar onde não se encontram frutos. Caim optou pelo campo para demonstrar o que todo homicida afirma: que não há frutos de seu crime, que nele não estão os frutos, a culpa. Nessa mesma linha de reflexão, retomemos o exemplo do ataque de 11 de setembro. Os terroristas que atacaram as Torres de Nova York e o Pentágono planejaram por anos a fio o atentado. Estudaram nas escolas do inimigo. Escolheram voos que saíam simultaneamente. Um terrorista acreditou que o outro não iria traí-lo. E CIA nenhuma, por mais dinheiro que tivesse disponível para identificar planos terroristas, não seria capaz de descobrir esse plano.

## Sinal no errante

O sinal mais evidente de que Caim não assume a sua culpa é que, à pergunta de Deus pelo seu irmão, ele responde ironica-

---

**50.** Cf. AMBROSIO. *De Cain et Abel.*

mente: "Sou eu o guarda de meu irmão?" (v. 9). Abel era pastor, guardador de ovelhas. No jogo das palavras vem resposta: "Que o guardador guarde a si mesmo". Deus acusa Caim, afirmando que a voz do sangue do irmão clama do solo até Ele. Deus age como vingador do sangue, proferindo a sentença condenatória: "Serás errante e vagabundo sobre a terra" (v. 12). Por isso, Caim se vê obrigado a assumir a sua culpa, mas Deus, na sua benevolência e na tentativa de frear a violência, põe um sinal sobre Caim para que ninguém, ao encontrá-lo, o ferisse (v. 16).

Deus mantém a sentença, o castigo imposto, mas procura amenizar as consequências da atitude de Caim com o sinal em sua fronte, assim como fez com Adão e Eva, cobrindo-lhes a nudez. O próprio sangue derramado por Caim é utilizado para anunciar a sua sanção, que é uma maldição. Em Gn 3,14-17, a maldição é lançada sobre a serpente e a terra. Aqui, a maldição é sobre o ser humano, na pessoa imaginária chamada de Caim. A semente de violência lançada pelo lavrador produz maldição sobre ele mesmo e a terra que lhe concede vida. Matar Abel é o mesmo que matar a terra, que, assim como Abel, é um sopro de vida. Caim (ser humano) perde o irmão e os frutos da terra. Caim (ser humano) é um exilado em sua própria terra. Ele, como os pais, será um errante sobre a terra. Caim não é condenado à morte, como previa a Lei do Talião (olho por olho, dente por dente).

Deus age como Pai e não como juiz. O sinal sobre Caim impede a violência na face da terra. A ação de castigar de Deus tem a função de salvar o culpado por meio do castigo. O exílio devia suscitar em Caim o desejo eterno de reparar o erro cometido. Cada um que lesse ou ouvisse contar essa história deveria se sentir qual outro Caim exilado, mas cheio de esperança de encontrar um tempo de paz. Da mesma forma, a comunidade do texto quer mostrar que a lei deve recuperar o culpado e não simplesmente condená-lo.

O sinal sobre Caim lhe confere a condição de medroso e ameaçado. O culpado nunca consegue se ver livre da culpa. E ele deve assumir o seu papel. A violência instaura o terror. E, por mais paradoxal que seja, o medo de Caim, simbolizado pelo sinal, fará com que a vida permaneça sobre a terra. Por outro lado, se os pais de Caim, depois do erro cometido, procuraram fugir da presença de Deus, ele terá que fugir dos homens, pois ele nunca terá como esconder o seu crime violento. Todos o reconhecerão na face da terra.

A Caim, ao ser humano, só resta fugir da presença de Deus e ir morar na terra de Nod, onde vivem os errantes, os sem pátria. Até que um dia o Éden volte a ser uma realidade na sua vida. A esperança permanece. A violência deixará de existir. Sonhar é preciso, com mundo sem injustiças sociais, morais etc. Isso é possível? Ao ser humano resta a perene luta tomar consciência de sua condição nata de ser violento, dominá-la e não seguir os passos de Caim.

# 17

# Condição conflituosa do ser humano

A interpretação tradicional do mito Caim e Abel enfocou mais o lado moral e ético que o nome Caim evoca: ciúme, violência e crime motivados pela vingança, bem como a relação de Caim com a opressão provocada pela cidade sobre o campo.

A relação Caim e Abel serve para explicar a condição conflituosa, desde as origens, do ser humano a partir do sagrado. Assim, o mito Abel e Caim demonstra teologicamente como o mal estava nas origens da humanidade e, de certa forma, afirma que sair dessa condição originária do ser humano é tornar-se justo, superar a injustiça. Gn 4,1-16 ilumina a temática da justiça quando propõe a saída da condição de violência originária como superação da injustiça. Trágico, no entanto, é constatar sempre que o que estamos vivendo tem suas origens no mundo antigo. O mal poderá continuar em nosso meio, se nós, por livre decisão, continuarmos a perpetuá-lo. E nossa história continuará indelevelmente condicionada à nossa condição de injustos pecadores. O animal acuado é um símbolo bestial da violência que mora dentro de cada um de nós. Caim foi dominado por esse animal. Ele entrou em ação. E Caim ficou submetido ao impulso bestial da violência. Caim ficou atrelado ao desejo de vida plena que inclui a morte do próprio irmão e, até mesmo, de Deus.

Por fim, à pergunta posta no início da nossa reflexão – Caim fez bem ou mal em ter matado Abel? – acrescente-se: Qual Abel foi assassinado? Como vimos, Caim catalisava, na sua profissão de ferreiro, o bem e o mal, o ódio e a violência. O ferreiro, com o golpe do martelo na bigorna, fabrica vários tipos de instrumentos. Caim, o ferreiro, golpeia a cabeça do seu irmão Abel, o pobre e insignificante, e o mata. Caim precisa sempre de um Abel para matar e, com o sangue dos abéis, manter-se no poder. O sangue derramado perpetua a violência entre os povos. O pobre, sempre indefeso, vive às margens da sociedade, esperando a morte chegar. Ele, qual outro Abel, é luto, dor, sofrimento e desesperança. E se fosse esse o Abel assassinado por Caim, ele merece o castigo. Mas o Abel das frustrações e desilusões do humano malsucedido em seus empreendimentos, o do sopro, do vento, das futilidades, Caim fez bem em ter matado. E não merece castigo. Assim, um Abel é fruto de um Caim. E Caim é consequência de um Abel.

O verdadeiro ser humano para Deus é a integração entre os irmãos Abel e Caim, o ser humano segundo o coração de Deus. Deus, rei-pastor (Abel), governa o mundo em harmonia com a terra (Caim) sem usar a força da violência, mas a da Palavra[51].

---

**51.** Cf. BOVATI, P. *Giusticia e ingiusticia nel Antiguo Testamento*. Roma: PIB, 1994, p. 13-27 [Apostila].

# 18

# Gn 6,5–9,17: mito da recriação do mundo e do ser humano e sua relação com outros mitos de dilúvio

Quando nos referimos ao termo dilúvio, logo nos vem à memória o relato bíblico de Gn 6,5–9,17, o qual não pode ser visto como texto único sobre essa temática, e, por isso, não deve ser compreendido isoladamente. Muitas outras culturas conservaram no imaginário coletivo a ideia de que o mundo fora uma vez recriado por uma divindade. E nisso consistiu a salvação da terra, animais e seres humanos. Não seria esse um modo encontrado para expressar miticamente a resistência aos opressores de várias épocas, bem como o modo ineficaz da relação ser humano com os outros seres criados e as divindades? Por isso, deuses intervêm e tudo destroem para reiniciar um novo tempo.

Considerando a estrutura concêntrica do pensamento semita, não por acaso o mito do dilúvio foi colocado no centro da narrativa de Gn 1–11, o que demonstra a importância dele para o povo da Bíblia. Deus intervém para recriar o mundo e seres humanos. A maldade era tanta que foi preciso recomeçar. A lembrança de uma grande catástrofe, que ocorrera na mesopotâmia com os seus antepassados – há teorias que dizem que o dilúvio foi o tombamento do eixo planetário, provocado pela gravidade de um meteoro ou pela inversão do polo magnético da terra –, levou o autor bíblico a produzir esse mito como sonho de um mundo novo, recriado à maneira do mesmo Deus que o fizera, segundo Gn 1–3.

A Bíblia fala de destruição com água. O atentado com bombas sofrido pelos Estados Unidos, a grande potência, no memorável 11 de setembro de 2001, não é um "dilúvio" moderno? Quem sempre oprimiu povos inteiros para manter-se na soberania mundial se viu golpeado no âmago de seu poder militar e econômico.

# 19

# Genealogia: a multiplicação da vida na terra antes do dilúvio

O mito Caim e Abel (Gn 4,1-16), como vimos, explica a violência nas origens. Depois desse relato, a narrativa de Gn 1-11 faz um parêntese antes do mito de origem do dilúvio, com a apresentação de genealogias. Esse foi o modo encontrado para explicar como os filhos de Adão se multiplicaram no mundo. Retoma-se, com isso, o fio condutor de Gn 1-11, as genealogias.

Caim foi o primeiro a conhecer – como vimos em Gn 4,1, penetrar – sua mulher, que gerou Henoc. Na sequência vieram Irad, Maviael, Matuael, Lamec, Jabel, Jubal, Tubalcaim e a mulher Noema. A descendência de Caim serviu para explicar a origem das cidades, dos pastores, dos ferreiros, dos músicos e das meretrizes. Todas essas funções estão, de certa forma, ligadas à violência, o que fica mais evidente com a ação de um de seus descentes, Lamec, o qual chega a matar um homem por uma ferida e uma criança por uma contusão (Gn 4,23-24). Depois desse seu ato, Lamec conclui que a vingança contra ele deveria ser maior que a de Caim, não sete vezes, mas setenta vezes sete. Desse modo, conclui-se que, antes do dilúvio, a violência estava disseminada com os descendentes de Caim.

Set foi o substituto de Abel, gerado da relação entre Adão e Eva. De Set nasceram Enós, Cainã, Malaleel, Jared, Henoc, Matusalém, Lamec, Noé, Sem, Caem e Jafé. Dessa genealogia nota-se a semelhança com os nomes da de Caim, embora sendo essa outra fonte, a qual recolhe tradições orais. Outro dado interessante é o fato de Adão passar a ter idade cronológica – 930 anos –, bem como de ter gerado um filho à sua imagem e semelhança (Gn 5,3-5). Gerar à imagem e semelhança é o mesmo que passar a condição divina de Adão para o filho. Adão e os outros viveram mais que 900 anos, o que demonstra sabedoria e bênção divinas. Matusalém foi o que mais viveu (969 anos) e Henoc viveu somente 365, o que equivale aos dias do ano. Henoc foi arrebatado por Deus, como Elias (2Rs 2,11).

Além das genealogias, nos deparamos com a história dos gigantes, seres nascidos da relação entre os filhos de Deus e as filhas dos homens. Eles povoavam a terra antes do dilúvio e, por causa deles, ela foi destruída (Eclo 16,7).

Essa narrativa de cunho mítico (Gn 6,1-4) é de difícil análise. Várias interpretações foram feitas. Para os Padres da Igreja, os filhos de Deus são os descendentes de Set, e as filhas dos homens, as mulheres más e descendentes de Caim. No judaísmo, os filhos dos homens são os anjos culpados. Essa mescla de compreensão sobre esses personagens quer somente ressaltar o fato de a violência presente no mundo e o fato de Deus se rebelar contra essa atitude dos humanos, limitando a sua idade para cento e vinte anos (Gn 6,3). Tudo isso resultaria no dilúvio. Mesmo que não seja dito de forma explícita, a forma de violência impetrada pelo ser humano, assim como fizera em Gn 3,22, Deus dá uma sentença condenatória: "Meu espírito não se responsabilizará indefinidamente pelo ser humano, pois ele é carne; não viverá mais que cento e vinte anos" (Gn 6,3). O espírito de Deus, meu espírito, não ficaria para sempre no ser humano. Antes do dilúvio, o ser humano viveu mais tempo, mas sem nunca ter passado de mil anos, o que não ocorria com os reis babilônicos, os quais passavam de dez mil anos, por serem considerados deuses, semideuses ou filhos de Deus, que poderiam tomar para si mulheres bonitas à vontade[52].

---

52. Cf. KRAUSS, H.-K. *As origens:* um estudo de Gênesis 1–11. Op. cit., p. 168-171.

A genealogia entre Adão e Noé enumera dez gerações. Dez é sinal de completude. Assim, a terra, simbolicamente, já havia errado o suficiente para ser punida por Deus. Nota-se, no entanto, que o ato corretivo de Deus é para toda a humanidade. O dilúvio bíblico passa a ser um marco divisor na história. Em outras culturas há também relatos míticos de dilúvio.

## Mitos de dilúvio

O dilúvio faz parte dos planos de Deus e dos deuses, como momento de purificação. E é nessa perspectiva que nos propomos interpretar o mito de Gn 6,5–9,17 em relação aos mitos do dilúvio narrados na epopeia de Gilgamesh e pelos indígenas da nação Maxakali[53].

## Dilúvio na Epopeia de Gilgamesh

Gilgamesh, filho de Lugalbanda, foi um rei e herói legendário da Babilônia. Ele reinou na cidade-estado de Uruk por 126 anos, sendo o seu quinto rei. Gilgamesh, tendo vivido entre os anos 2750-2600 a.E.C., ficou conhecido por meio do lendário poema Epopeia de Gilgamesh.

O poema faz referência a um dilúvio e ao encontro de Gilgamesh com Utnapishtim, o herói imortal do dilúvio. Gilgamesh, rei inteligente, quase divino e grande opressor do seu povo, luta com um humano criado pelos deuses, Enkidu. Sem vencedor nessa luta, ambos partem para uma viagem ao encontro do imortal e conhecedor dos segredos da vida eterna, Utnapishtim.

Enkidu é morto pelos deuses. Gilgamesh se encontra com Utnapishtim, e este não lhe revela o segredo, mas lhe conta como tudo aconteceu com ele, como os deuses, instigados por Enlil, decidem em assembleia mandar o dilúvio sobre a terra.

---

**53.** A Nação Maxacali é um povo sofrido que viu suas terras serem roubadas pelos brancos. Os maxacalis vivem atualmente no Vale do Rio Doce, em Minas Gerais.

Na tabuinha XI da Epopeia de Gilgamesh está escrito[54]:

*Naqueles dias a terra fervilhava, os homens multiplicavam--se e o mundo bramia como um touro selvagem. Este tumulto despertou o grande deus. Enlil ouviu o alvoroço e disse aos deuses reunidos em conselho: "O alvoroço dos humanos é intolerável, e o sono já não é mais possível por causa da balbúrdia". Os deuses então concordaram em exterminar a raça humana. Mas Ea, fingindo falar com a parede, revela ao seu protegido, Utnapishtim, o projeto divino e exorta-o a construir um enorme navio para pôr-se a salvo com alguns escolhidos. Ea lhe diz: "Põe abaixo tua casa e constrói um barco. Abandona tuas posses e busca tua vida preservar; despreza os bens materiais e busca tua alma salvar. Põe abaixo tua casa, eu te digo, e constrói um barco. Eis as medidas da embarcação que deverás construir: que a boca extrema da nave tenha o mesmo tamanho que seu comprimento, que seu convés seja coberto, tal como a abóbada celeste cobre o abismo; leva então para o barco a semente de todas as criaturas vivas. [...] Eu carreguei o interior da nave com tudo o que eu tinha de ouro e de coisas vivas: minha família, meus parentes, os animais do campo – os domesticados e os selvagens – e todos os artesãos".*

*Utnapishtim construiu, então, o barco e o carregou de ouro e prata. Juntamente com a sua família, o herói leva a bordo operários especializados, animais e feras. "Caiu a noite e o cavaleiro da tempestade mandou a chuva. [...] Por seis dias e seis noites os ventos sopraram; enxurradas, inundações e torrentes assolaram o mundo; a tempestade e o dilúvio explodiam em fúria como dois exércitos em guerra. Eles (humanos) flutuam no oceano como ovas de peixe. Na alvorada do sétimo dia o temporal vindo do sul amainou; os mares se acalmaram, o dilúvio serenou."*

*O dilúvio ocorreu como se fosse um terrível furacão, sob a intervenção dos deuses das tempestades, enquanto os outros deu-*

---

**54.** Tradução em SANDARS, N.K. *A epopeia de Gilgamesh.* São Paulo: Martins Fontes, 1992.

*ses, espavoridos, retiram-se para o céu mais alto, e se agacham como cães chorando. O dilúvio durou sete dias. Utnapishtim abre a janela e chora contemplando a desgraça: toda a humanidade se havia transformado em lama. A nave parou sobre o Monte Nisir (na Assíria) e aí permaneceu encalhada durante seis dias. Utnapishtim diz: "Na alvorada do sétimo dia eu soltei uma pomba e deixei que se fosse. Ela voou para longe; mas, não encontrando lugar para pousar, retornou. Então soltei uma andorinha, que voou para longe; mas, não encontrando lugar para pousar, retornou. Então soltei um corvo. A ave viu que as águas haviam abaixado; ela comeu, voou de um lado para outro, grasnou e não mais voltou para o barco". E ele continua: "Eu então abri todas as portas e janelas, expondo a nave aos quatro ventos. Preparei um sacrifício e derramei vinho sobre o topo da montanha em oferenda aos deuses". Em torno ao sacrifício, os deuses se ajuntaram como moscas, pois sentem o perfume do mesmo. Ocorre uma disputa entre os deuses: a deusa Istar não quer que Enlil, principal responsável pelo dilúvio, tome parte do banquete sacrifical, ao passo que Enlil se enche de ira porque alguns homens escaparam do dilúvio, podendo, assim, conhecer o segredo dos deuses. Ea, acusado de haver traído o segredo dos deuses, demonstrou a Enlil que sua maneira de agir, provocando o dilúvio, fora despropositada. E a Enlil restou somente a alternativa de fazer Utnapishtim um imortal, de modo que a sua maldição, a de que nenhum mortal sobrevivesse, se tornasse uma realidade. Utnapishtim foi morar, com sua família, longe dos deuses, na embocadura dos rios. Depois desse fato, a mulher de Utnapishtim, tomada de pena por Gilgamesh, lhe revela o segredo da imortalidade, que estava em uma planta sagrada do fundo do mar. Gilgamesh a recolhe, mas antes de tornar-se imortal ao comer o seu fruto, uma serpente marinha lhe rouba o tão almejado objeto. Gilgamesh, melancólico, espera a morte chegar, mas torna-se um herói entre os seus.*

## Dilúvio em Gn 6,5–9,17

O texto bíblico é longo e muito conhecido. Resumidamente é o seguinte:

*Deus decide fazer um dilúvio porque a maldade no mundo era muito grande. Ele escolhe um homem íntegro, chamado Noé, que constrói uma arca e nela coloca sua família e um casal de cada um dos animais. Uma grande tempestade vem sobre a terra para devastá-la durante quarenta dias, quando, então, cessa o dilúvio. A arca para sobre um monte. Ave, pomba e corvo certificam-se de que havia terra seca, pois trazem em seus bicos um ramo de árvore. Noé, então, oferece um sacrifício, recebe a promessa divina de que o dilúvio não mais destruiria o mundo. Um arco-íris sela a aliança e dá a certeza de um novo tempo, um mundo que seria recriado a partir da nova postura do ser humano na terra.*

## Dilúvio na cultura indígena maxacali

Os maxacalis conservam de forma oral a história de um dilúvio que destruiu essa nação indígena por causa da ação indevida de um genro em relação à partilha que Topá, a divindade da tribo, lhes havia ensinado. A narrativa é a seguinte:

*Antigamente os maxacalis conversavam com Topá. E este era seu amigo. Topá visitava as suas aldeias. Ele deu para eles uma linda lontra. Com ela, disse Topá, os maxacalis jamais passarão fome. Vocês farão assim, disse ele: "Levem a lontra para o rio, de modo que ela possa pescar peixes para vocês. Ela entrará no rio e de lá vai jogar na margem muitos peixes. Encham seus 'tererês' (sacolas de embira) e as levem para a aldeia, onde os peixes serão repartidos e ninguém passará fome. Tenho somente uma exigência: os três primeiros peixes que ela jogar na areia serão enormes e vocês os separarão para mim".*

*E assim os maxacalis fizeram por muitos anos. Não havia fome em suas aldeias e eles viviam felizes. Um dia, porém, o genro de um dos mais velhos pediu ao sogro a lontra encantada para ir pescar. O sogro lhe contou toda a história e o trato com Topá. E ele se foi para a beira do rio. Tudo ocorreu como fora combinado. A Lontra pulou no rio, mergulhou de novo e jogou na margem três grandes peixes. Os peixes sagrados! Depois continuou a mergulhar e a jogar mais peixes. Ao ver os três peixes grandes, o genro disse: "Que nada! Vou levar esses três peixes para mim". E colocou-os no tererê. Ele também encheu as outras sacolas com os peixes pequenos. Terminado o seu trabalho, a lontra subiu no barranco e começou a cheirar os peixes, procurando os seus. Não os encontrando, pulou no rio... e desceu rio abaixo. O maxacali, desesperado, começou a gritar: "Lontra, lontra, volte!" A lontra, não mais entendendo a linguagem do maxacali, foi embora para não mais voltar.*

*O maxacali voltou para a aldeia com os peixes. Muito envergonhado, ele contou tudo para o mais velho. A aldeia inteira entrou em profundo estado de medo e tristeza, pois o mais velho disse: "Você errou. Topá vai nos castigar, um grande castigo cairá sobre nós!" Anoiteceu! Os maxacalis, preocupados, se recolheram nas suas cabanas. O tempo escureceu! Uma chuva torrencial se abateu sobre a terra. Quando os maxacalis acordaram, as águas tinham apagado as fogueiras e uma enorme escuridão cobria a aldeia. Desesperados, eles viram que a água chegava debaixo das redes. Juntaram seus poucos pertences e suas crianças e correram para o cimo das árvores. Ali, quando a água os alcançava, eles eram derrubados na correnteza. Buscaram, então, a montanha mais alta. E também aí a água os alcançou. E, assim, morrem todos os maxacalis daquele tempo! O genro, no entanto, em meio a grande pavor, encontrou um pedaço de pau oco e entrou nele. Tapou as extremidades com areia e couro de veado e ali ficou por quarenta dias flutuando no grande mar de águas que se formara. Passada a tempestade, as águas baixaram e Topá quis ver como ficou a terra. E ele veio em forma de besouro (mangangá) voando. "Não sobrou nada!", disse ele ao seu acompanhante. De repente, ouviu-se uma voz: "Topá! Topá! Tira-me daqui!" Topá circulou o pau de onde saía a voz. Mandou seu acompanhante ir buscar um machadinho para cortar. Era inacreditável alguém ter escapado. Quando chegou o machadinho, Topá marcou o lugar para cortar! "Aí não!", disse a voz, "aí é minha perna. Como vou andar?" E assim sucessivamente, a voz gritava: "A cabeça, como vou pensar? Os braços, como vou flechar?" Até que o maxacali disse: "Aí pode cortar". Topá tinha marcado por cima da sua cabeça, no lugar da pele do veado. Topá retirou-o de dentro do pau. Fez uma fogueira e foi aquecendo-o, girando seu corpo em torno das labaredas, como quem assa carne. Que coisa horrível! O homem estava branco, magro e todo cagado. Fedia de longe. Depois que ele foi se recuperando, Topá alimentou-o com mel, amendoim, bananas, carne e frutas. E lhe disse: "Agora que você está bom, vou levá-lo comigo, para o meu lugar (Hamnoy), pois você está só". Mas o maxacali não quis ir, retrucando: "Eu não sou deus! Meu lugar é aqui!" Disse Topá: "Então, eu vou lhe ensinar a fazer uma armadilha para pegar uma mulher, pois você não suportará ficar só". E Topá ensinou-lhe a fazer um mundéu (armadilha). E depois disso se foi. O maxacali seguia o conselho de Topá ao pé da letra. Armava sempre o mundéu na direção ensinada por Topá. Caíram ali vários bichos da floresta. Mas com nenhum o casamento dava certo. Até que caiu nele uma guariba. E ele se casou com ela. Quando nasceu o filho era uma guaribinha. E, como das outras vezes, ele a mandou embora, pois nascera bicho e não filho de gente. O maxacali, de tão só, se desesperava. Uma noite, ele armou mais uma vez o mundéu na direção ensinada por Topá. E ouviu vozes. "Opa! Esta voz é voz de gente. Não é de bicho!", exclamou. Rapidamente, ele seguiu mata adentro em direção à voz. Ele, então, viu uma pequena cabana e, lá dentro, uma veadinha, uma mulher encantada. Ele chegou e bateu palma. Ela saiu à porta. Ele, respeitoso, ficou a distância com seu arco e flechas. E lhe perguntou: "Bom dia! O marido da senhora está em casa?" "Não! Ele está trabalhando na roça", respondeu a veada encantada. "Vou até lá!", disse ele, pois pensou que não ficaria bem ele ali sozinho com a mulher do outro. Chegando na roça, ele espiou e viu um forte e grande veadão, todo suado, capinando a roça. O maxacali pensou: 'vou matá-lo'. Atirou suas flechas e zás! Flechou o homem e o matou. Jogou seu corpo no mato e retornou à casa da mulher. "Encontrou o meu marido?" Disse a mulher. "Não, não o vi", respondeu o maxacali. E a mulher respondeu: "Então, vamos esperá-lo". E ele se sentou do lado de fora da casa. Muito tempo se passou. O maxacali, então, se casou com a veadinha encantada. O casal queria ter filhos. Primeiro, eles tiveram relação no casco da veadinha. O filho gerou na batata da perna. Por isso, os humanos têm batatas nas pernas. Depois, gerou na coxa. Não deu certo. Topá veio então para ensinar-lhes como fazer filhos. Trouxe sua machadinha e abriu uma pequena fenda na mulher, entre as suas pernas e lhe disse: "É por aqui". E assim eles deram origem ao tikmãa (humanos) de hoje, os quais vivem na beira do umburuna (rio).*

Qual é a relação existente entre esses três mitos? Gênesis é original? Qual é o objetivo de cada um deles? Estamos prestes a um novo dilúvio?

# 20

# Gn 6,5–9,17 e sua relação com os mitos de Gilgamesh e Maxacali

Os três mitos de dilúvio, já apresentados, colocados de forma comparativa, resultam no seguinte:

| | Gilgamesh | Gênesis | Maxacali |
|---|---|---|---|
| **Objetivo** | Impedir a multiplicação dos seres humanos e a balbúrdia deles, a qual impedia o sono dos deuses. | Demonstrar o arrependimento de Deus de ter feito o ser humano, o qual havia se tornado mau aos seus olhos. | Castigo pelo rompimento da aliança entre a tribo e a divindade, Topá, que lhe havia dado uma lontra para pescar. |
| **Divindade** | Politeísmo: Ea, Enlil e Ishtar. | Monoteísmo: Javé. | Monoteísmo: Topá. |
| **Protegido** | O justo Utnapishtim. | O justo Noé. | O genro. |
| **Instrumento de proteção** | Barca de sete andares. | Arca de três andares. | Pau oco. |
| **Salvados** | *Utnapishtim* com sua família e parentes, sementes, ouro, animais domésticos e selvagens e artesãos. | Noé com sua família, genros e noras, feras, répteis, aves e um casal de tudo que tem sopro de vida. | Genro que se alojou dentro de um pau oco, lacrado com couro de veado. |
| **Modo** | Terrível furacão com duração de sete dias. | Tempestade com duração de quarenta dias. | Tempestade com duração de quarenta dias. |

|  | Gilgamesh | Gênesis | Maxacali |
|---|---|---|---|
| **Demarcadores do fim do dilúvio** | Barca encalhada; soltura de uma pomba, uma andorinha e um corvo, o qual, vendo as águas baixas, comeu, grasnou e não voltou para o barco. A pomba voltou. Deuses ficam apavorados com o que eles tinham feito e se agacham como cães chorando. | Arca para num monte; soltura de corvo e três pombas, sendo que a última traz um ramo no bico. Noé solta a pomba mais duas vezes e, no terceiro voo, ela não volta mais. Deus se lembra de Noé, das feras e animas domésticos que estavam na arca. | Descida da divindade, em forma de besouro, para ver a destruição. |
| **Pós-dilúvio** | Realização de um sacrifício com derramamento de vinho sobre o topo da montanha de Nisir, local onde a barca parou, em oferenda aos deuses. | Noé constrói no Monte Ararat, local onde a arca parou, um altar, sobre o qual oferece um holocausto de animais e aves puras. | A divindade faz uma fogueira para aquecer o genro e o alimenta com mel, amendoim, bananas, carne e frutas. |
| **Recriação** | A divindade Enlil faz de Utnapishtim um imortal, o qual foi morar na embocadura dos rios. | Deus sela uma aliança com os seres humanos e vivos por meio de um arco-íris colocado entre o céu e a terra. | Topá ensina o genro a fazer uma armadilha para pegar uma mulher que seria sua companheira, e os ensina a gerar filhos. |

Os três mitos[55] parecem descrever uma mesma ação com detalhes diferentes: o tempo do dilúvio é mais breve em um deles, a dimensão da arca diverge, o número de pessoas e animais que entram na arca, também etc. Sobretudo entre o mito do dilúvio, descrito no conjunto da epopeia de Gilgamesh, e o bíblico há diferenças e semelhanças bem delimitadas.

Os mitos de Gilgamesh e de Gênesis parecem depender de tradições bem mais antigas, provenientes do Egito. Gilgamesh é mais antigo que o mito de Gênesis. O mito indígena é peculiar, embora esteja na mesma linha do bíblico: a ação divina é realizada por causa do rompimento do criado com o seu criador.

A relação dos mitos diluvianos de Gilgamesh e Gênesis com outros mitos bem mais antigos do que eles evidencia-se nas aves que saem para que se certificassem do fim do dilúvio. No poema de Gilgamesh, o protegido Utnapishtim solta uma pomba, uma andorinha e um corvo. A pomba volta, e o corvo, não. Na narrativa de Gênesis, Noé realiza quatro e não três solturas de aves, como fizera Utanapishtim. O corvo também não volta em Gênesis; já a pomba, sim. Num mito egípcio, há menção somente de um pássaro que voa sobre o dilúvio, a garça. Noutro mito mesopotâmico, há a menção de quatro aves.

A narração mesopotâmica destaca, por contraste, a marca monoteísta das narrativas bíblica e indígena, não obstante o mito dos maxacalis citar um acompanhante de Topá.

No texto bíblico, Deus mesmo decide fazer um dilúvio e adverte aquele de que deve escapar das águas. No final da narrativa, esse mesmo Deus decide que nunca mais destruiria a terra com o dilúvio. Ele não se incrimina pela sua ação e reconhece a maldade no coração do ser humano desde a sua infância (Gn 8,21). No texto indígena, a comunidade prevê o castigo de Topá.

---

**55.** Cf. FARIA, J.F. "O mito do dilúvio contado pelos maxacalis, israelitas e babilônios – No conto, um projeto que salva a terra, água, animais e seres humanos". *Estudos Bíblicos*, n. 68, 2000, p. 36-41.

No mito de Gilgamesh, os deuses ficam assustados com a proporção do dilúvio que eles mesmos provocaram. Já no mito bíblico, Deus não se espanta com a grandiosidade do dilúvio. Ele age com acolhimento, lembrando-se de Noé e dos animais que estavam na arca. A imagem que transparece de Deus, que decorre desses mitos, é de castigador, acolhedor e misericordioso.

Em relação ao sacrifício, à maneira dos deuses babilônicos, Ele sente a suave fragrância do sacrifício de Noé (8,21), que, juntamente com a do mito de Gilgamesh, contrasta com o mau odor do genro, aquecido em uma fogueira, a qual evoca o sacrifício dos outros dois mitos.

A narração mesopotâmica não tem caráter moral, é uma medida caprichosa e despropositada dos deuses que se sentiam incomodados com o barulho provocado pelos humanos. Por outro lado, o caráter da narrativa mesopotâmica é político-ideológico. Marduk, o deus supremo e poderoso da Babilônia, organizava o mundo por meio de seus sacerdotes, os quais recolhiam tributos nos templos, chamados "ziggutats". Desse modo, ele mantinha a ordem do cosmos a partir das ofertas. Caso isso não acontecesse e o povo se rebelasse, Marduk iria se irritar e abrir as comportas do céu, o céu se esvaziaria e a criação seria aniquilada.

Na Bíblia, o dilúvio é visto como lição de moralidade: Deus não pode mais suportar o proceder da humanidade que se corrompe de forma irrecuperável na prática do mal. Faz-se necessário destruí-la para começar novamente, mas não totalmente. A vida deverá permanecer por um casal de animais e família de um ser humano que age fazendo o bem, Noé. Deus não fica irritado com a balbúrdia dos humanos, mas triste com a situação estabelecida entre eles.

No mito dos maxacalis, estes perdem a proximidade com a divindade, Topá, deixando de oferecer-lhe os três primeiros peixes pescados pela Lontra e, justamente por isso, deveriam ser castigados. A resposta da divindade em forma de castigo é evidente.

O dilúvio, isto é, água em abundância, nunca foi um problema para Israel. Ao contrário, a falta de água é que sempre foi agravante. Num país árido, a luta pela água é, foi e sempre causa de guerras infindáveis. Na cosmovisão mesopotâmica, o dilúvio era possível, pois esta concebia o mundo rodeado de águas inferiores e superiores. Na visão indígena, em que a água é essencial e abundante, o mito é mais condizente com a realidade.

# 21

# Elementos mitológicos: Noé, arco-íris e bênção

O substantivo dilúvio, em hebraico, *maboul,* deriva do verbo *nabal,* que significa *perecer* ou *perder a razão.* É como se quisesse afirmar que a humanidade tinha perdido a razão. Deus envia águas torrenciais que destroem a terra. O Sl 29,10 reza que Deus é qual um juiz que se assenta sobre o dilúvio. Como consequência da ação divina, toda a carne é destruída, somente os peixes se salvam. Por isso, os cristãos viram no peixe o Cristo, aquele que salva a humanidade pela sua morte na cruz[56].

A lembrança de uma grande catástrofe, que ocorrera na mesopotâmia com os seus antepassados – há teorias que dizem que o dilúvio foi o tombamento do eixo planetário, provocado pela gravidade de um meteoro ou inversão do polo magnético da terra –, levou o autor bíblico a produzir esse mito como sonho de um mundo novo, recriado à maneira do mesmo Deus que o fizera, segundo Gn 1–3. A memória de uma catástrofe ocorrida na Mesopotâmia, nas águas do Golfo Pérsico, levou muitas culturas a falar de um dilúvio enviado pelos deuses. No caso da Bíblia, os israelitas se valeram dessa tradição para repensar o mundo em tempos de exílio e pós-exílio.

## Nóe: o consolador que prolonga a existência

Como vimos, Gn 6,5–9,17 é uma composição exílica que uniu relatos javistas (séc. X a.E.C.) e sacerdotais (séc. V a.E.C.).

---

56. Cf. CHOURAQUI, A. *No princípio.* Rio de Janeiro: Imago, 1995, p. 88.

Nela, o redator final reforçou a ideia de que um pequeno grupo iria sobreviver, por ser justo, reto e fiel. Esse grupo foi representado por Noé. Nome que em hebraico é *Noah*, deriva de raiz semítica (conservada em etíope) e significa *protelar-se*: nesse caso, Noé seria o apelido que no ambiente semítico foi dado ao herói do dilúvio e significaria *aquele que prolongou sua existência*, isto é, o que sobreviveu ao dilúvio. No hebraico, *Noah* deriva de *nhm* e significa consolar. Quando Gn 5,29 fala do nascimento de Noé, é dito que ele seria aquele que traria uma consolação para o povo, tirada da terra amaldiçoada por Deus. Estaria o texto referindo-se ao cultivo da uva que produz o vinho e traria consolo para o povo depois de um penoso trabalho na terra.

Oito seres humanos da família de Noé, animais e aves se salvaram no dilúvio. Noé torna-se um símbolo de esperança, primeiro para a sua família e seu povo, depois para a humanidade, animais e aves. Noé, representante de todo ser humano íntegro, justo e fiel daquele tempo, miticamente, se contrapõe ao comportamento da maioria de seus contemporâneos, os quais, supostamente, eram injustos e falsos. Noé passou para a história como o protótipo do resto que se salva.

## Arco-íris e montanha: sinais de presença, aliança e promessa divina

Quando termina o dilúvio, a arca encalhou sobre os montes de Ararat, que poderia ser na Anatólia, ou mesmo o Ararat com seus 5.198 metros de altura, o que representa a proximidade com Deus, pois esse é o significado de montanha no Primeiro Testamento.

Deus acolhe o resto que sobrevivera por sua livre decisão e promete: o dilúvio não mais irá acontecer. No céu, Ele pendura o seu arco de guerra, chamado de arco-íris. Deus mesmo afirma: "Porei meu arco na nuvem e ele se tornará um sinal da aliança entre mim e a terra" (Gn 9,13). A aliança parte de Deus. Ele não pergunta ao ser humano se ele quer estabelecer uma relação de aliança; simplesmente, Ele a decreta. Por isso, o arco-íris se torna o sinal visível da promessa divina de não destruição vindoura de seu povo. Não perdura mais a ameaça. Deus mesmo interrompe a ação avassaladora dos céus. Ele impede sua ação como um vencedor da guerra que quebra o arco. O arco-íris é o símbolo de guerra e não de harmonia, como poderiam sugerir suas cores reunidas. O contraditório aqui é que o arco de guerra para Deus torna-se um símbolo de paz e estabilidade. Com seu arco, Deus impede a guerra, a destruição. Ele mesmo toma a iniciativa de recordar a si mesmo o seu propósito.

Até o momento do dilúvio, a violência e a perversão do coração humano são apontadas como causas do castigo e da destruição do mundo. Depois do sinal do arco-íris, ocorre uma novidade. O ser humano fica liberado para consumir carne, menos a carne com sangue. O desígnio do coração não está mudado: o "homem novo" continua contraditório.

### Bênção: multiplicar, reumanizar e reabitar

Após o dilúvio, o ser humano, na pessoa de Noé seus filhos, recebe a bênção de Deus para se multiplicar, reumanizar o humano e reabitar a terra. Na recriação do mundo, o ser humano é abençoado para se multiplicar. Além disso, ele vai usar os animais e outros elementos da criação para as suas necessidades. "Sede o medo e o pavor de todos os animais, as aves do céu e os peixes do mar, os quais são entregues em vossas mãos" (Gn 9,1-3). O medo que o ser humano deverá provocar nos animais deve ser entendido no contexto do mundo antigo, no qual o não domínio dos animais selvagens causaria a desordem, a destruição de tudo, quase outro dilúvio. Os animais selvagens e a natureza representavam o caos no mundo antigo e precisavam da legitimidade divina para dominá-los e, assim, garantir a preservação de sua espécie. O Sl 8 é a mais evidente oração que retrata essa situação. O ser humano louva a Deus por lhe haver concedido o poder sobre a natureza e tê-lo feito pouco menor que um Deus. A natureza, agora, não mais é sinal de medo para o ser humano. Ele a "domina" e dela se torna um grande regente. Desse modo, não se pode interpretar essa afirmativa fora do seu contexto ou meramente com parâmetros ecológicos modernos. Por outro lado, é bem verdade que o antropocentrismo, o ser humano no centro, da visão bíblica causou malefícios na relação com a natureza. O ser humano ocupou o seu espaço, destruindo animais e natureza. Hoje, faz-se necessário pensar em cosmocentrismo, colocar a natureza, o mundo no centro de nossa atenção.

No mito bíblico do dilúvio, não deixando de considerar a afirmação anterior, ao ser humano é concedida a liberdade para se organizar na justiça, no direito e no respeito (reverência) para com Deus e as criaturas. Ele poderá agora comer carne dos animais, mas não o seu sangue, pois esse era considerado sinal evidente da vida. O ser humano não poderá matar o seu semelhante, pois isso fere a imagem de Deus. Quem assim agir será punido por Deus (Gn 9,5-6). O ser humano vegetariano do paraíso deixa de existir, e a lei da vingança de sangue, contraditoriamente, é estabelecida.

O mito do dilúvio nos convida a reumanizar o humano e a reabitar a terra. Isso só será possível quando homens, animais e natureza viverem em harmonia. Um não se salvará sozinho. Salvamo-nos todos ou morreremos todos: ricos e pobres. A causa do dilúvio está no próprio ser humano. Assim como vimos no mito dos maxacalis, Topá mantém a ordem estabelecida desde que haja partilha e harmonia entre os indígenas. O dilúvio só ocorreu quando isso foi quebrado. Em nossos dias, o ser humano continua a provocar dilúvios. Deus parece ter saído de cena. A responsabilidade está em nossas mãos.

# 22

# A recriação em Gênesis e sua atualização

Mais do que querer afirmar a existência de um dilúvio, assim como nos relatou Gn 6,5–9,17, vale a pena relê-lo em tempos atuais e, a partir daí, atualizar os propósitos de Deus, bem como alimentar a esperança de uma nova criação em nossos dias, o que nos leva, inevitavelmente, a fazer memória dos inúmeros povos indígenas que ainda hoje lutam para manter a identidade, dos sem-terra, dos sem-teto e de outros tantos "sem" que vivem à mercê de um novo tempo, em meio a um grande dilúvio moderno.

O texto de Gênesis sobre o dilúvio, na sua beleza literária e mítica, nos aponta alguns sinais de resistência ao mundo "depravado", "corrompido", os quais exigem uma intervenção de Deus. O ontem e o hoje do texto se entrelaçam.

## Estamos prestes a um novo dilúvio

Em nossos dias, assistimos a uma devastação sem piedade de nossas florestas, matas e rios. Os animais morrem junto. Grandes projetos de interesses políticos e econômicos, como os das mineradoras, resultam em grandes devastações ambientais. No Brasil, em nome do progresso e do lucro fácil de alguns, grandes projetos de mineradoras estão destruindo a natureza, mananciais que outrora sustentavam a vida de muitas comunidades quilombolas, indígenas e de brancos.

A busca desenfreada do ouro revolve a terra e joga no meio ambiente produtos tóxicos para a vida. O negócio da mineração, da extração mineral e da exportação do minério bruto, que se transforma em *commodities* para o governo brasileiro, gera lucro para poucos. A mineração destrói a tradicional lógica da vida, para construir outra que exclui os pobres. A mineração cresceu mais de 550% nos últimos dez anos no Brasil. As leis ambientais brasileiras não levam em consideração os impactos ambientais. Como consequência à poluição do ar e à destruição do solo, que não mais retém a chuva, os mananciais vão sendo extintos. Um grande dilúvio está sendo feito de forma lenta e progressiva. A Amazônia, outrora cognominada pulmão do mundo, grita, sufocada, por socorro.

Gn 6,5–9,17 nos chama a atenção para a questão do respeito pela terra e a sua ação produtiva de vida em abundância para todos. Em nossos dias, cresce cada vez mais a consciência de que a terra é mais um dos "pobres" que necessitam ser libertados. Libertar a terra, saber cuidar dela e da água, sua companheira. Vivemos uma iminente falta de água potável para a humanidade. Um novo dilúvio parece próximo se não mudarmos nossos hábitos. E ele será para ricos e pobres, animais e feras do campo, pássaros e répteis. Se não agirmos como Noé, que praticou a preservação das espécies, afundaremos todos como um grande Titanic no mar de lama criado por nós mesmos.

## O dilúvio da Amazônia

O que está acontecendo na Amazônia? Um dilúvio latino-americano? Parece que sim. Para muitos brasileiros, sem mencionar os estrangeiros, a Amazônia é um lugar distante, com floresta, bichos e índios. A desenfreada ocupação da Amazônia pela globalização, através de projetos econômicos, coloca em risco o nosso destino e o daqueles que ali nasceram. Um dilúvio desastroso e perene que ali se instalou nos convoca a olhar para a vida gerada de forma solidária por essa natureza exuberante que está sendo destruída e impedida de continuar o seu ciclo natural.

Na grande fraternidade da Amazônia convivem uma rica e variada fauna e flora. Florestas densas, cerrados, rios e igapós, botos cor-de-rosa e araras formam um grande santuário equivalente a 30% da diversidade ecológica do mundo e 80% da água disponível do país. No ritmo das águas, 60% das populações indígenas do Brasil, afrodescendentes, nordestinos e migrantes do sudeste, centro e sul do Brasil sobrevivem da agricultura, extrativismo, caça, pesca, comércio, trabalho em indústrias de alta tecnologia etc.

Na Amazônia, muitos índios, em nome do progresso, foram enxotados da região. Cidades como Manaus, Belém e Santarém abrigam os novos pobres, expulsos de suas terras, para dar lugar ao plantio da soja, grandes negócios que extraem petróleo, gás e madeiras nobres. Quase 70% da população amazônica já vivem em cidades. Árvores e enormes quantidades de terras estão sendo queimadas em nome do agronegócio, que traz divisas para o país, da pastagem e dos garimpos que poluem os rios. A Amazônia e seu povo estão sendo destruídos. A soja e o boi que comemos provêm da devastação da Amazônia.

Há décadas, os ambientalistas lançam a questão: Qual é a consequência de tudo isso para o mundo? As florestas do nordeste, as matas do Rio Grande do Sul, Paraná, Santa Catarina e Mato Grosso e 16,3% da Amazônia já foram destruídas. A continuar esse processo, a Amazônia, em 50 anos, se transformará em cerrado. Isso repercutirá em outras terras do Brasil, no aquecimento global e, o que é pior, no ar que nos mantém vivos. Salvemos a Amazônia ou morreremos todos!

## Espiritualidade bíblica das águas e o dilúvio

O grande dilúvio realizado por meio de águas, objeto de nossa reflexão, nos desafia também a refletir sobre o sentido da água em tempos bíblicos e como dela emana uma espiritualidade, um modo de o povo eleito se relacionar com Deus.

Na Bíblia, a água aparece como um parceiro na vida do povo de Deus. Olhando atentamente a geografia de Israel, percebemos que o país é banhado por águas de todos os lados: Mar Mediterrâneo, Rio Jordão e outros afluentes menores no norte e no sul. Para entrar na terra da promessa era preciso passar pela água. Cercado por água, Israel desenvolveu o costume de se purificar antes das refeições. Deus usa a água para visualizar a sua decisão de não mais destruir o mundo com água, por meio do arco-íris, um arco de guerra formado pelo reflexo do sol sobre a água, que por sua beleza enche qualquer olho de água.

Os nossos pais e mães na fé, chamados de patriarcas e matriarcas, viveram de modo itinerante nas terras do Oriente Médio. Terra e água marcaram suas vidas.

Na história dos patriarcas e matriarcas encontramos poços de água. O patriarca Abraão se viu em litígio com Abimelec por causa de um poço de água viva. Os servos de Abimelec usurparam o poço que Abraão tinha cavado. Abraão chamou Abimelec e ali mesmo, no poço, eles fizeram uma aliança de respeito mútuo. Abraão lhe ofereceu sete ovelhas como testemunha de que aquele poço era dele. Abimelec aceitou a oferta e esse poço passou a se chamar "Poço do juramento", em hebraico *Be'er Sheba'*, traduzido por Bertsabeia.

Isaac herdou de seu pai muitos poços, os quais foram entulhados e cobertos de terra pelos filisteus e pastores de Gerara. Isaac mandou cavar outros poços. Com o segundo grupo houve disputa ferrenha pelo poço de água viva encontrado por Isaac. Eles diziam "a água é nossa". O último poço cavado por Isaac não foi motivo de litígio e ele exclamou: "Agora Deus nos deu o campo livre para que prosperemos na terra" (Gn 26,12-33). A garantia da água era o sinal de sobrevivência para os patriarcas. Uma terra fértil dependia da água para irrigá-la. Sem água, os animais morreriam.

Agar, a matriarca que complicou a história da salvação, encontrou um poço de água viva e dele deu de beber ao seu filho Ismael, no deserto de Bertsabeia. A matriarca Rebeca, mulher de Isaac, foi escolhida à beira de um poço por um servo de Abrão.

Estando no poço, no momento em que as mulheres iam buscar água, o servo de Abraão fez um propósito: "A jovem a quem eu disser: 'Inclina o teu cântaro para que eu beba' e que responder: 'Bebe, e também a teus camelos darei de beber', esta será a que designaste para teu servo Isaac, e assim saberei que mostraste benevolência para com meu senhor" (Gn 24,14). E assim sucedeu. E Rebeca tornou-se esposa de Isaac.

O patriarca Jacó também encontrou uma de sua esposa, Raquel, à beira de um poço. Ela era pastora e fora ao poço dar de beber ao seu rebanho. Jacó a beijou e lhe disse que era parente de seu pai e filho de Rebeca. Raquel foi logo contar o fato a seu pai, Labão, o qual acolheu Jacó em sua casa. A história continua mostrando o casamento de Jacó com as duas filhas de Labão, Lia e Raquel.

Jacó praticou pela primeira vez o ato religioso de purificar o corpo com água (Gn 35,2). Também de Jacó é conservada na Bíblia, em Gn 32,23-33, a famosa luta com Deus, na pessoa de um desconhecido. O fato ocorreu no vale do Rio Jacob. Nesse riacho ele fez atravessar sua família e pertences. Alguns rabinos interpretaram que a luta de Jacó foi com espírito das águas que amedrontava o povo[57].

O poder sobre as águas foi disputado por reis e profetas. Jeremias acusa o povo de abandonar Javé, a fonte de água viva (Jr 2,13; 17,13). Quando Israel era o vencedor, ele destruía os poços de água dos vencidos – atitude não muito ecológica. Jeremias, assim como Isaías, compara o inimigo com a água caudalosa de um rio que tudo destrói (Jr 47,2; Is 8,7; 17,12; 28,2.17).

---

**57.** Apud BARROS, M. *O espírito vem pelas águas.* São Leopoldo/Goiás: Cebi/Rede, 2002, p. 131.

Mas Deus também destrói o inimigo, ainda que muito poderoso. "Porque Javé devasta a Babilônia, e acaba com o seu grande ruído, ainda que suas ondas bramem como grandes águas e ressoe o fragor de sua voz" (Jr 51,55).

Salomão conferiu ao Templo de Jerusalém a autoridade para fazer chover. Elias tinha o poder de fazer chover, o que minava o poder do Templo de Jerusalém. Moisés, Josué e Elias tiveram o poder de separar água (1Rs 18,41-46). Como Moisés, Elias teve o poder de dividir as águas, no seu caso, as do Rio Jordão, para passarem a pé, enxutos, ele e Elizeu, seu discípulo predileto. Elias usou o seu manto para dividir as águas. Quando ele partiu, Elizeu repetiu o mesmo gesto, batendo o manto de Elias nas águas, as quais se abriram diante dele (2Rs 2,14)

A famosa frase de Isaías anunciando o Messias: "Eis que a jovem concebeu e dará à luz um filho e por-lhe-á nome Emanuel" (Is 7,1-14) foi proclamada nas águas do canal da piscina superior de Jerusalém. A vinda do Messias tem ligação com a água.

Jesus se apresenta como aquele que é fonte de água viva: "Se alguém tem sede, que ele venha a mim e que beba, aquele que crê em mim! Conforme a palavra da Escritura: de seu seio jorrarão rios de água viva" (Jo 7,37-38). Jesus caminhou sobre as águas do mar e Moisés as dividiu. Os evangelhos conservaram a passagem de Jesus caminhando sobre as águas e Pedro afundando nelas. A força simbólica desse texto quer expressar o poder de Jesus, a modo de Moisés, sobre as águas. Sua liderança e filiação divina são incontestáveis. Foi também à beira de um poço que a Samaritana compreendeu que Jesus era "água viva" (Jo 4,10). Quando Jesus morreu na cruz, um soldado o golpeou com a lança e do seu lado saiu água (Jo 19,34), que gera a vida eterna.

Os profetas retomam a imagem do dilúvio do livro de Gênesis para mostrar como Deus age na história, punindo o seu povo.

A segunda carta de Pedro, diante da presença dos "falsos doutores", relembra as águas de Gênesis, fazendo uma ligação apocalíptica da criação pela água e o fim dos tempos. Assim diz o texto de 2Pd 3,5-7: "Mas eles fingem não perceber que existiram outrora céus e terra, esta tirada da água, e estabelecida no meio da água pela Palavra de Deus, e que por essas mesmas causas o mundo de então pereceu, submergido pela água. Ora, os céus e a terra de agora estão reservados pela mesma Palavra ao fogo, aguardando o dia do Julgamento e da destruição dos homens ímpios".

A 1Pd 3,20 retoma o dilúvio, ligando-o ao batismo, quando diz: "[...] enquanto Noé construía a arca, na qual poucas pessoas, isto é, oito, foram salvas por meio da água. Aquilo que lhe corresponde é o batismo que agora vos salva".

Deus de Israel tem o controle sobre as águas do dilúvio. Ele pôs seu arco para impedir as tempestades. Deus age como "Senhor da história" para controlar o opressor, erradicar a maldade na terra, recriar e reconduzir a história a partir da água. A mesma água que destrói é a que nos mantém vivos.

### Haverá um rio de água viva, que fará frutificar árvores de vida doze vezes ao ano!

A crise hodierna no trato com a água e a natureza em geral poderia muito bem buscar inspiração, embebedar-se da espiritualidade bíblica das águas.

As águas foram feitas para irrigar o jardim da vida. Gn 2,8-15 quis dizer isso ao afirmar que Deus fez sair do Éden um rio que desdobrava em quatro rios: Fison, Geon, Tigre e Eufrates. É esse o paraíso sonhado pelos seres humanos de então: uma terra regada pela água.

As primeiras páginas do livro de Gênesis, historicamente, interpretadas de forma tendenciosa, demonstraram que o ser humano, o Adão (gerado do húmus da terra misturado com água), foi criado à imagem e semelhança de Deus e dele recebeu o encargo de ser como Deus, isto é, agir como pai e mãe, cuidando dos seus como filhos e filhas, sendo extensão do seu ser. A nossa espiritualidade em relação à água deve ser a de zelar e não a de dominar. Água não zelada poderá destruir a vida humana que depende dela para sobreviver. Viva a mãe água! Viva a mãe terra! Voltemos ao espírito das águas da Bíblia! Mas também mantenhamos o sonho apocalíptico da nova Jerusalém messiânica, na qual "haverá um rio de água viva, que fará frutificar árvores de vida doze vezes ao ano" (Ap 22,1-2). Bíblia é água do início ao fim. São águas bíblicas pedindo passagem para gerar vida. Vida que revive e faz a vida viver. Ainda é tempo de recriarmos o paraíso terrestre: quatro rios irrigando a terra que é um jardim. Ou será que teremos esperar o ano 2025? Ano em que os especialistas preveem que 40% da população terão problemas para adquirir água potável. Ainda é tempo!

Mesmo que Deus tenha prometido que um novo dilúvio não aconteceria, o mito bíblico do dilúvio parece denunciar: se não redirecionarmos o nosso modo de nos relacionarmos com a água, ficaremos sem ela. E aí será preciso invocar águas celestes para manter a sobrevivência.

### Haverá um novo céu e uma nova terra!

O mito bíblico do dilúvio nos convida a renovar a esperança em Deus, que promete e quer a vida e não o mal no mundo. A terra maldita (Gn 3,17b-19) pela violência humana volta a ser fecunda (Gn 8,21; 9,20-21). Gn 6,5-9,17 mostra uma espiritualidade baseada na certeza da reconstrução do povo. Haverá de novo uma nova vida na face da terra. O mal será extirpado. É preciso sonhar e esperar sempre.

# 23

## Genealogia: a multiplicação da vida na terra depois do dilúvio

Após o dilúvio, retoma-se o fio condutor de Gn 1–11, as genealogias, as quais procuram explicar como os filhos de Noé se multiplicaram no mundo. Gn 10 é um capítulo do livro do Gênesis dedicado a apresentar as 70 gerações que surgiram no mundo depois do dilúvio. Ele termina afirmando: "Eis os clãs dos filhos de Noé por seus descendentes, em suas nações. Desses as nações se separaram sobre a terra após o dilúvio" (Gn 10,32). Antes, porém, em 9,19-29, é narrado um fato pitoresco. Noé sai da arca, planta uma vinha, colhe a uva, prepara o vinho e com ele se embriaga a ponto de ficar nu no meio de sua tenda. Um dos seus filhos, Canaã, o vê nu. Sai da tenda e conta para os seus irmãos, Set e Jafé, que, de costas entram na tenda com uma túnica colocada sobre uma espádua, e cobrem o corpo do pai. Quando Noé desperta da embriaguez, ele pune com uma maldição a Canaã: "Maldito seja Canaã! Que ele seja para os seus irmãos o último dos escravos!" (Gn 9,25).

A genealogia de Gn 10 distribui o mundo em três grandes ramos, todos eles descendentes de Noé. De Sem, que significa *nome,* surgem os semitas, descendentes de Abraão, e seus filhos Ismael e Isaac ficaram conhecidos, como afirmam os rabinos, como os 'filhos dos nomes' e adoradores do Nome Único. Já os filhos Canaã, conhecidos como os hamitas, descendentes de Hâm, que quer dizer quente, se tornaram os habitantes dos países quentes. Os descendentes de Jafé, que significa belo, são povos indo-europeus[58]. Cada filho dessas três gerações deu origem aos vários povos nessas três grandes regiões do mundo antigo.

---

[58]. Cf. CHOURAQUI, A. *No princípio*. Op. cit., p. 108.

# 24

## Gn 11,1-9: contramito Torre de Babel ao mito da fundação de Babilônia

Tradicionalmente, a interpretação de Gn 11,1-9 tem sido a de que essa passagem bíblica provocou o surgimento de várias línguas no mundo. Seria como se, antes desse fato, todos os seres humanos se entendessem a partir de uma mesma língua, mas quando o ser humano quis chegar ao céu por meio da construção de uma torre, isto é, quis dar um "golpe de estado" e assumir o poder divino, Deus interveio e confundiu as línguas, dando origem a povos. E cada um seguiu o seu destino sem poder se entender. Desse modo, Deus se viu livre do concorrente.

E por falar em torre, imagine se o ser humano do tempo da Bíblia pudesse, ao menos, imaginar que duas torres geminadas pudessem ser construídas no século XX, em Nova York, com 110 andares? E que nelas pudessem trabalhar 50 mil pessoas? E que outras 90 mil passassem por ali diariamente? Não! Isso é demais para os antigos! Basta uma Torre de Babel. No entanto, imaginemos mitologicamente que os antigos construtores da Torre de Babel, em seus jazigos, estejam dizendo, depois do fatídico 11 de setembro de 2011: o ataque terrorista que destruiu as torres de Nova York é ação de Deus que derruba os poderosos de seus tronos. E nós? Resta concordar: o coração do neoliberalismo globalizado foi atacado. Ademais, a poderosa Babilônia de então não se chama, hoje, Estados Unidos da América?

Gn 11,1-9 é um contramito, uma resposta contrária ao mito babilônico, *a casa dos grandes deuses*, construção levada a cabo pela divindade maior da Babilônia, Marduk, bem como o mito *Esagila*, também babilônico, o qual descreve a construção de *um templo/torre da terra*, símbolo do céu infinito, e feita pelos deuses vencidos da terra em honra a Marduk.

Visto nessa perspectiva, Gn 11,1-9 tem como objetivo mostrar como os mega e injustos projetos humanos, presentes e futuros, serão sempre impedidos por Deus. Colocada no fim do bloco de Gn 1–11, essa passagem quer nos ensinar que a mesma Babilônia que exilou o povo de Judá e o dispersou pelo seu império será também dispersada por Deus[59].

## Mito babilônico: "A casa dos grandes deuses"

No mito da criação babilônica, o *Enûma Elîsh,* apresentado no início deste nosso estudo, relata que Marduk, depois de agir em favor dos deuses, matando Tiâmat e restabelecendo a ordem sagrada, foi aclamado pelos outros deuses como rei e deles recebeu mensagens de paz e felicidade, bem como um pedido para que ele vigiasse suas casas e a promessa de que eles realizariam o desejo de Marduk. Esse, então, pensa a respeito do que ouvira, e dirige aos deuses as seguintes palavras:

*Sobre o Apsû, onde habitais, a contraparte do Esharra que eu construí sobre vocês, abaixo, reforcei o solo para um ajustamento, quero construir uma casa. Ela será exuberante. Nela quero fundar o seu templo, demarcar celas, fixar minha soberania. Quando vocês chegarem do Apsû para a assembleia, pernoitareis ali, (ali) será um lugar onde todos serão acolhidos. Quando vocês descerem do céu para a assembleia, pernoitareis ali, (ali) será um lugar onde todos serão acolhidos. A chamarei pelo nome de "Babilônia", "a casa dos grandes deuses". A edificarei com mãos de artesãos, de acordo com meu plano[60].*

---

**59.** Cf. CROATTO, J.S. *Exilio y sobrevivencia* – Tradiciones contraculturales en el pentateuco. Buenos Aires: Lumen, 1997, p. 353-393. Em nossa análise, consideramos, sobremaneira, a interpretação que Croatto faz, nessa obra, de Gn 9,1-11.

**60.** Cf. *Enûma Elîsh*, V, 119-130.

## Mito Esagila: "O templo/torre da terra, o símbolo do céu infinito"

Na continuidade do relato de *Enûma Elîsh* é dito que os deuses vencidos da terra constroem um templo para Marduk. Eis o relato:

*Quando a lei universal foi estabelecida, e aos deuses alocados seus domínios, então os Anunaki, os deuses da terra, os deuses que haviam sido derrotados, dirigiram-se a Marduk: Agora que nos libertaste e fizeste menor nossa carga de trabalho, como devemos retribuir tal graça? Que construamos um templo e que o chamemos o albergue do descanso da noite. Lá, onde todos iremos dormir uma estação do ano, no Grande Festival, quando todos reunidos em assembleia, iremos construir altares para ti, iremos construir Parakku, o Santuário. Quando Marduk escutou [tais palavras] sua face brilhou como a luz do dia, ele lhes disse: a grande Torre de Babel deve ser construída de acordo com os desejos de todos vocês, os tijolos deverão ser colocados em seus moldes e chamá-la-emos de Parakku, o Santuário. Os deuses Anunaki pegaram suas ferramentas, e levaram um ano inteirinho para moldar os tijolos [necessários]; no segundo ano, eles levantaram o Esagila, o templo da terra, o símbolo do céu infinito. Dentro, havia quartos para Marduk e Enlil e Ea. Com toda majestade, Marduk tomou seu lugar na presença deles todos, onde o topo do zigurate erguia-se por sobre a base. Quando a construção do templo terminou, os Anunaki construíram capelas para si; então todos se reuniram, e Marduk ofereceu a todos um banquete. E foi dito: esta é Babilônia, a cidade querida dos deuses, teu amado lar! Em comprimento e amplidão, ela é nossa, nós a possuímos, alegra-te com ela, pois ela é tua!*

Para demonstrar que o poder de Babilônia do forte e bélico Rei Marduk jamais seria destruído, Enûma Elîsh termina, após ter cantado os títulos de Marduk, do seguinte modo:

*Lembrem dos títulos de Marduk! Governantes irão recitá -los, sábios irão fazer debates a respeito deles, pais os repetirão para os filhos, e mesmo os pastores deles terão conhecimento. Que todos se alegrem na glória de Marduk, o príncipe dos deuses! Homens e mulheres e a terra irão prosperar, pois forte é seu Domínio, firmes são seus comandos. Deus algum pode alterar a vontade de Marduk. Onde os olhos dos grande deus se fixarem, somente o bom, o justo e o certo lá terá lugar. Deus algum pode suportar sua ira. O intelecto de Marduk é vasto, bem como a sua benevolência, mas pecadores e outros desta laia ele irá fazer desaparecer com a sua presença; mas o sábio professor cujas palavras escutamos, e que escreveu tais palavras que ora ouvimos, Marduk o poupou para os tempos vindouros. Que os Igigi que construíram seu templo, que os deuses falem que esta é a canção de Marduk, que derrotou Tiâmat e obteve soberania.*

## Contramito israelita: Torre de Babel

A narrativa de Gn 11,1-9 assim descreve:

*[1]A terra inteira utilizava a mesma linguagem e as mesmas palavras. [2]Ora, deslocando-se para o oriente, os homens descobriram uma planície na terra de Shinear e ali habitaram. [3]Disseram um ao outro: Vamos! Façamos tijolos e cozinhemo-los ao forno. Os tijolos lhes serviram de pedras e o betume lhes serviu de argamassa. [4]Vamos – disseram – construamos para nós uma cidade e uma torre cujo cume atinja o céu. Conquistemos para nós um nome, a fim de não sermos dispersados sobre toda a superfície da terra. [5]O Senhor desceu para ver a cidade e a torre que os filhos de Adão construíam. [6]Ah, disse o Senhor, todos eles são um povo só e uma linguagem só, e é esta a sua primeira obra! Agora, nada do que projetarem fazer lhes será inacessível! [7]Vamos, desçamos e confundamos a linguagem deles, que não se entendam mais entre si! [8]Dali, o Senhor os dispersou sobre toda a superfície da terra, e eles cessaram de*

*construir a cidade. [9]Por isso, foi dado a ela o nome de Babel, pois foi ali que o Senhor confundiu a linguagem de toda a terra, e foi dali que o Senhor dispersou os homens sobre toda a superfície da terra.*

# 25

# Comparando os mitos Babilônia, Esagila e Torre de Babel

|  | **Babilônia** | **Esagila** | **Torre de Babel** |
|---|---|---|---|
| **Construtor** | Marduk | Deuses derrotados da terra | Seres humanos |
| **Nome** | Casa dos grandes deuses | *Parakku:* Santuário/ Templo/Torre de Babel da terra, símbolo do céu infinito | Babel |
| **Quem nomeia** | Marduk | Marduk | Deus ou o ser humano |
| **Objetivo** | Oferecer um lugar de repouso para os deuses. Demonstrar a soberania de Marduk. | Agradecer a Marduk pela diminuição da carga de trabalho dos deuses da terra, bem como garantir um local para o encontro deles. | Chegar ao céu, a morada dos deuses; fazer um nome, obtendo fama. |

O substantivo Babilônia, dependendo de sua origem linguística, pode ser traduzido por porta de Deus, porta dos Deuses (acádico) ou casas dos grandes deuses (sumério).

Babilônia foi fundada sobre o *Apsû*, o oceano de água doce, como uma casa de descanso e de demonstração da soberania dos deuses babilônicos, sobretudo de sua divindade maior, Marduk. A construção de uma casa com o nome Babilônia tinha como objetivo relacionar essa cidade milenar, fundada provavelmente no início do segundo milênio a.E.C., aos deuses babilônios, sobretudo Marduk. Igualmente, os judeus exilados na Babilônia procuraram, com o mito de Gn 11,1-9, demonstrar o poder de seu Deus sobre os deuses babilônios. O Deus que fez aliança com Israel é o mesmo que criou o ser humano, seus ancestrais, o colocou num jardim, promoveu o dilúvio e que agora iria dispersar o opressor babilônico, que os exilara e acabara com seu projeto.

O *Enûma Elîsh* fala de dois templos na terra, um construído a pedido de Marduk, e outro, pelos deuses da terra como gratidão a Marduk. Sobre o segundo é dito claramente que se trata de uma torre em Babel, o que evidencia ainda mais o contramito bíblico, a Torre de Babel.

# 26

# Relação entre o Sl 137 e Gn 11,1-9

A presença do povo de Deus, ou melhor, de suas lideranças – em torno de 10 mil pessoas – nos anos de 597 a 538 a.E.C. no exílio babilônico foi muito sofrida. Sem terra e longe da pátria, o sofrimento durou décadas. Rezando, os judeus clamavam: "Meu Deus, meu Deus, porque nos abandonastes?" (Sl 22); e se perguntavam: "Será que Deus nos rejeitou?" (Sl 74).

Obra literária de beleza incomensurável, o Sl 137 salta aos nossos olhos com as seguintes palavras de dor, regadas de esperança e saudade da terra longínqua:

*Junto aos rios da Babilônia nos sentamos, e choramos com saudades de Sião; nos salgueiros que ali estavam penduramos nossas harpas. Lá, os que nos exilaram pediam canções, nossos raptores queriam alegria: "Cantai-nos um canto de Sião!" Como poderíamos cantar um canto do Senhor numa terra estrangeira? Se eu me esquecer de ti, Jerusalém, que me seque a mão direita! Que me cole a língua ao paladar, caso eu não me lembre de ti, caso eu não eleve Jerusalém ao topo de minha alegria! Senhor, relembra o dia de Jerusalém aos filhos de Edom, quando diziam: "Arrasai-a! Arrasai-a até os alicerces!" Ó devastadora filha de Babel, feliz quem devolver a ti o mal que nos fizeste! Feliz quem agarrar e esmagar teus nenês contra a rocha!*

Composto no exílio ou, provavelmente, em Jerusalém, por um grupo de levitas que recorda as humilhações sofridas no cativeiro da Babilônia, o Sl 137 é uma lamentação coletiva, na qual se encontram expressões profundas e pungentes de dor humana, pranto amaríssimo de quem perdeu o que era caro ao coração: a família e a terra da promessa. Indignados, os exilados interiorizam o sofrimento. Na oração, eles expressam o desejo de violência contra os causadores de tanto sofrimento. Por amarem a terra distante, Jerusalém situada sobre o Monte Sião, e o templo que ali existia, eles sofriam injúrias dos opressores, os quais, por pura ironia, pediam: "Cantai-nos um canto de Sião!" Por mais paradoxal que seja, encontramos nesse Salmo de sofrimento palavras de imprecação, maldição contra os opressores. Desejar que os nenês dos opressores fossem atirados contra a rocha são palavras duras, as quais não soam bem aos nossos ouvidos. Como entender isso? Questão de mentalidade antiga, mas superada por Jesus, no Segundo Testamento? Não é tão simples assim.

Gn 11,1-9, a Torre de Babel, apresenta pelo viés do contramito o mesmo desejo: que os babilônios, aqueles que nos dispersaram, sejam também dispersos pela terra. Matar os filhos dos opressores babilônicos, atirando-os contra a rocha, é o mesmo que fazer com que eles percam a identidade, perdendo a descendência.

# Estrutura de Gn 11,1-9

Para entender a relação entre os mitos Torre de Babel e Casa de Babilônia, há que se considerar os versículos 6a e 9b do capítulo 11 de Gênesis. O primeiro é o centro da narrativa, e o segundo, objetivo final do relato. Eles afirmam que Deus vai impedir o fazer dos babilônios (v. 6b) e dispersá-los por toda a terra (9b). Essas duas afirmativas podem ser comprovadas a partir da estrutura de Gn 11,1-9 e da semântica das palavras.

O modo de pensar semita é concêntrico – diferente do ocidental, no qual o mais importante está no fim, na conclusão –, isto é, a ideia principal é colocada no centro e vem realçada por oposição ou contraposição de outras que se alternam. Nesse sentido, observe a estrutura da página seguinte[61]:

A correspondência dos temas e termos na estrutura acima apresentada, A e A', B e B' sucessivamente, demonstra como o centro da narração está no versículo 6: o agir humano chegou ao seu limite, agora será fácil fazer coisas piores. Os grandes projetos precisam ser impedidos. O centro não está em Deus descer para confundir a língua dos construtores da torre, mas a sua atitude de impedir o fazer o humano e dispersar o opressor.

---

**61.** Cf. CROATTO, J.S. *Exilio y sobrevivencia* – Tradiciones contraculturales en el pentateuco. Op. cit., p. 385.

# Gráfico 2

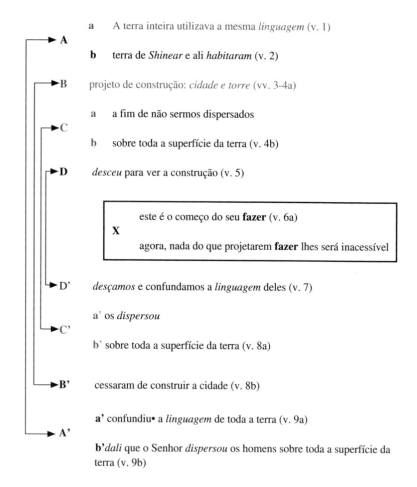

A terra que falava a mesma linguagem e vivia em *Shinear* (Suméria e Babilônia) se viu dispersa e com a linguagem confundida. O projeto de construir a torre e a cidade foi barrado por Deus, que desceu para realizar essa ação inesperada pelo ser humano.

# 28

# A semântica de substantivos e verbos utilizados

A semântica de substantivos e verbos utilizados na narrativa de Gn 11,1-9 elucida ainda mais a tese em questão. Vejamos.

## Shafat

Esse substantivo, que aparece nos versículos 1, 6a, 7a, 7b e 9a, não significa sistema linguístico ou língua, isto é, idioma, mas *fala* ou ato de comunicar-se, *linguagem*.

Cada povo tem sua língua, e dentro dele existem grupos que têm a sua linguagem própria, a partir da profissão que exercem. Quem não é advogado tem dificuldade para entender os termos técnicos, o modo advocatício de se comunicar. A teologia, da mesma forma, tem sua linguagem própria. O neoliberalismo tem uma linguagem muito diferente daquela do mundo árabe islâmico.

Caso a comunidade que produziu esse texto quisesse dizer língua/idioma, teria utilizado o substantivo *lashôn,* o qual aparece em Gn 10,5.20.31 para designar os diferentes povos e suas línguas. A partir deles, fez-se a dispersão nas ilhas das nações. "Esses foram os filhos de Jafé, segundo suas terras e cada qual segundo sua língua (*lashôn*), segundo seus clãs e segundo suas nações" (Gn 10,5). Assim, no capítulo 10 trata-se, de fato, das diversas línguas (idiomas) dos povos, mas em 9,1-1, não.

## Balal

*Balal* é um verbo. Ele aparece nos versículos 7 e 9 e significa mesclar, confundir, mas não multiplicar, diversificar. O texto não quer dizer que Deus multiplicou as línguas/idiomas, mas fez com que os opressores não pudessem mais se entender no modo que eles se comunicavam, a partir da linguagem. Atualizando, é como no dia seguinte ao ataque terrorista às torres de Nova York: os mentores do neoliberalismo não sabiam o que fazer para se reestruturarem. "O que parecia impossível aconteceu: fomos atacados dentro do nosso próprio quintal e com as nossas próprias armas. Não estávamos bem-protegidos?", com certeza se perguntaram os líderes norte-americanos. Milhões de dólares não tinham sido investidos para impedir o ataque do inimigo?

A Torre de Babel evidencia que um modo único de falar, sobretudo no campo da economia, estava e está ao serviço do projeto opressor. *Balal* tem, portanto, o sentido de impedir a ação do opressor a partir da "confusão" de seu projeto. Assim, não foram línguas multiplicadas, mas projeto confundido.

## Pus

*Pus* é um verbo que aparece nos versículos 4b, 8 e 9b. O seu significado não é o de dispersar o povo para criar ou distinguir um povo de outro, mas *esparramar*, *espalhar*, no seu sentido teológico de *perder a identidade* de um grupo antes unido. Assim também ocorrerá, alude o mito, com Babilônia.

# 29

# Resistências ao mito babilônico (II)

Como vimos, Gn 11,1-9 é a oposição o mito babilônico da fundação de Babilônia. Nele, os judeus exilados se opõem ao opressor com as seguintes proposições:

## 1) A Torre de Babel foi construída pelos nossos antepassados e nomeada por Deus

Não é claro no texto bíblico que foi Deus quem deu o nome à torre. No contramito está escrito: *"foi dado a ela o nome de Babel"*. Já o mito babilônico deixa claro que foi Marduk que nomeou a construção: "a *chamarei pelo nome de 'Babilônia, a casa dos grandes deuses'"*. É Marduk também que nomeia o templo construído pelos deuses da terra de *"Parakku, o Santuário, Torre de Babel"*.

A iniciativa de construir Babilônia (Torre) parte de Marduk e dos deuses da terra. Já no texto de Gênesis, a iniciativa é dos seres humanos. O projeto dos deuses é o mesmo dos seres humanos corruptos. Não existe diferença entre a Babilônia celeste e a terrestre.

O fato de Deus dar um nome à torre significa deslegitimar a Babilônia de Marduk, da qual se diz que foi construída nos primórdios e por ordem expressa de sua divindade superior, Marduk. Por outro lado, sendo Deus ou os seres humanos os nomeadores da torre, quer o contramito de Gênesis ironizar e desprezar a ação do deus supremo da Babilônia, Marduk.

## 2) Eles queriam um "nome-fama" e ganharam um "nome-confusão"

Considerando o jogo de sons dos substantivos hebraicos usados no texto de Gênesis – infelizmente não podemos perceber o mesmo na tradução portuguesa –, percebemos outra ironia no contramito. No versículo 4b encontra-se a expressão: "façamo--nos um nome"; em hebraico, nome é *shem*. O versículo 9 afirma: "seu nome é Babel", em hebraico, *shemâh babêl*. E ainda no versículo 9a: "ali confundiu", em hebraico, *shâm bâlal*. O relato de Gn 11,1-9 está posto antes da descrição da descendência de Sem (Gn 9,10-26), nome próprio que significa nome *(shem)*. Em Gn 12,1 diz que Deus deseja engrandecer o nome *(shem)* de Abraão.

O substantivo que nomina o nome da cidade, *Babêl* tem relação com o verbo *bâlal*, confundir. Daí a afirmativa de que o nome-fama, esperado por Marduk, torna-se um nome-confusão. Um bom nome é sinal de poder em todos os sentidos. "Mais vale o bom nome do que um bom perfume", afirma Ecl 7,1a. O nome é a nossa identidade. No mundo bíblico, o nome tinha um valor imenso. Hoje, quando perdemos o crédito na praça, dizemos que o nome está sujo. E isso é sério, porque a pessoa perdeu a sua possibilidade de comprar e receber confiança de outro. Preservar o nome é muito importante. Quando destruímos alguém, falando mal dele, acabamos com o seu nome. Uma palavra contra alguém, uma fofoca facilmente cria raízes entre nós. Difícil é desdizê-la. Recuperar um nome difamado leva anos. Eclesiastes reflete que a vida vale quando o nome é preservado. O bom perfume, por mais caro que seja, simplesmente, maquia quem o usa. Ele é externo. O que vale é o interno.

O contramito de Gn 11,1-9 ironiza os babilônios. O projeto deles, que, antes, parecia ser o melhor para o repouso dos deuses, torna-se uma grande dor de cabeça. Ele não é tão seguro e promissor como eles imaginam. Em nossos dias, basta relembrar o exemplo da derrubada das torres gêmeas de Nova York. Esse fato colocou os poderosos Estados Unidos da América em polvorosa, em situação de vulnerabilidade. O que parecia seguro, infalível, ruiu. Não basta acusar fundamentalistas islâmicos. A questão é outra.

### 3) O nosso Deus dispersou os poderosos construtores da grande torre

O megaprojeto humano, simbolizado na fabricação humana de uma torre e de um nome-fama, teve o seu fim trágico: a poderosa Babilônia (Babel) foi dispersa por Deus. Ela pagou, miticamente pagará, pelos males feitos contra o povo escolhido do Senhor.

Não foram as línguas dispersas (multiplicadas) em Gn 11,1-9, mas os opressores babilônicos. Contrapondo a Gn 10, que conta a dispersão organizada, segundo línguas e descendência, dos filhos de Noé, Gn 11,1-9 é o contramito da dispersão confusa e negativa dos construtores da grande torre. E era Deus mesmo querendo dizer: o mundo precisa se reorganizar segundo a justiça, sem opressão... Mas não estamos falando da queda das Torres de Nova York! Ou estamos?

O ocorrido em Nova York, no dia 11 de setembro de 2001, fato de que a pós-modernidade da era internet não mais se esquecerá, nos reporta não somente ao texto bíblico da Torre de Babel, mas também a Dn 2,31-45, onde é descrita uma estátua que aparece no sonho do rei da Babilônia. Feita de ouro, prata, bronze e ferro para expressar o poder do rei, essa estátua, no entanto, tem os seus pés formados de ferro e barro misturados, o que demonstra a fragilidade do rei. E foi por isso que uma pequena pedra vinda da montanha foi capaz de destruí-la. Ainda atualizando, basta lembrar que um avião vindo dos ares norte-americanos foi capaz de ferir o orgulho de uma nação que se crê a imbatível. A empáfia foi destronada. O orgulho de um povo foi ferido. A linguagem apocalíptica de Daniel animou as comunidades de então a resistir contra o opressor. Por mais poderosa que seja uma nação, um dia ela vai desmoronar.

# 30

# Genealogia: a multiplicação da vida na terra depois de Babel

Gn 11,10-32 trata da descendência de Sem, o filho de Adão e Eva, nascido para substituir Abel, o assassinado pelo irmão Caim. Essa genealogia dá continuidade àquela do capítulo 5 e chega até o patriarca Abraão, filho de Taré, e sua esposa, a matriarca Sara. A partir de Abraão e Sara, o capítulo 12 de Gênesis inicia uma nova fase na história de Israel. Desse modo, na origem do mundo estava situado o povo de Israel. A genealogia que entrelaçou as narrativas de Gn 1–11 preparou o caminho de patriarcas e matriarcas.

# Gn 1–11: o grande mito fundacional do povo de Deus

Assim como todo o Pentateuco, Gn 1–11 é um mito funda-cional do povo de Deus que se vê na história do mundo, criado por Deus. A história de Israel, ainda que mitologicamente, se confunde com a história do mundo. O Deus que criou o mundo é o mesmo Deus de Israel.

Gn 1–11 faz parte de uma fase da humanidade, aquela em que se procurou explicar a sua origem a partir da relação com o Sagrado de forma mitológica. São mitos de criação que marca-ram o mundo desde sempre. Mesmo em tempos modernos, onde impera a razão e o científico, não há como se esquecer dessas páginas, as mais lidas da Bíblia, juntamente com os evangelhos. Esses mitos, muitos deles contramitos, fazem parte do incons-ciente coletivo da humanidade.

A tradição bíblica imprimiu o caráter monoteísta nos mitos que ela reinterpretou. Deus age diretamente na vida do seu povo escolhido. O povo responde aos apelos de Deus na busca incan-sável de ser o povo da aliança eterna.

O aspecto da resistência aos impérios que oprimiam Israel, sobretudo o babilônico, tornou-se uma marca registrada nos contramitos criados por esse país. É como se dissessem: "O nosso Deus é diferente. Ele age completamente diferente dos deuses babilônicos".

Os mitos antigos, oriundos do Egito, Canaã ou Babilônia, com os quais tivemos contato em nosso ensaio, sobretudo os babilônicos, todos eles exerceram, de certa forma, influências sobre os mitos bíblicos. Neles, as divindades criam ou destroem, necessitam de ritos litúrgicos para se manterem supremas e são, por excelência, fecundas na ação criativa. Da relação sexual entre deuses nascem outros.

Alguns mitos bíblicos sobre a criação, denominados aqui por nós de contramitos, têm sua origem na Babilônia. Israel os compõe com o objetivo de demonstrar que o seu Deus é maior que o do opressor. Ele age de forma diferenciada e sempre em favor do povo. O Deus bíblico não precisa de uma Babilônia sagrada para exercer a sua influência sobre os israelitas. Ele é Deus próximo da Aliança eterna.

O mito babilônico da criação reforça o poder terreno e sagrado da grande e opressora Babilônia, que podia dominar Israel e outros povos. Os seus deuses são guerreiros, assim, cidadãos babilônios. A reposta a essa visão veio dos judeus exilados na Babilônia, que criaram outros mitos para demonstrar a face de um Deus que cria gratuitamente e quer que os seus filhos vivam em harmonia entre si e com a natureza.

O mito babilônico da criação parece se preocupar mais com o surgimento e estabelecimento de seus deuses como soberanos na Babilônia terrestre que com o ser humano. Caso inverso ocorre com mito bíblico. Tudo está em função do ser humano, que é carinhosamente criado e cuidado por Deus.

O dilúvio em Gn 1–11 é um marco divisor nos relatos de origem. Poderíamos afirmar que o mundo bíblico é interpretado a partir do antes e depois do dilúvio, a recriação. Nesse ato, Deus manifesta, ainda que de forma cruel, o seu desejo de recomeçar a vida humana e a fauna. O ato de Deus é benevolente, ainda que violento. No entanto, é o próprio ser humano, prefigurado em Caim, é que se torna um violento. Deus pune e protege Caim do violentador.

A saudade do paraíso terrestre, do Éden, de onde, mitologicamente, viemos, é caminho de volta para o cristão. Jesus ressuscitou, Deus existe. Ele, que tanto nos amou, nos acolhe no paraíso dos ressuscitados. Cada qual com a sua essência paradisíaca, com a sua personalidade, feita à imagem e semelhança do Criador.

A história dos patriarcas e matriarcas que inicia no capítulo 12 de Gênesis abre as portas de uma história de idas e vindas de um povo escolhido, oprimido e liberto pelo mesmo Deus que os criou em Gn 1–11, Israel. Uma certeza eclode de todas as narrativas mitológicas bíblicas: sendo mito ou contramito, Deus é o criador de tudo. Não há como dizer Deus não existe. O que somos e vimos são obras de suas mãos criadoras.

# Referências

AQUINO, T. *Summa Theológica* – Tratado do homem. Art. 1: sobre a questão da mulher, questão 92.

ARANA, A.I. *Para compreender o livro de Gênesis.* São Paulo: Paulinas. 2003.

ARISTÓTELES. *De Generat Animal,* 12. C3.

BALLARINI, T. *Introdução à Bíblia,* II/1. Petrópolis: Vozes, 1975.

BOVATI, P. *Giusticia e ingiusticia nel Antiguo Testamento.* Roma: PIB, 1994 [Apostila].

BRENNER, A. (org.). *Gênesis a partir de uma leitura de gênero.* São Paulo: Paulinas, 2000.

CHOURAQUI, A. *No princípio.* Rio de Janeiro: Imago, 1995.

CROATTO, J.S. *Exilio y sobrevivencia; tradiciones contraculturales en el Pentateuco* – Comentario de Génesis 4,1–12,9. Buenos Aires: Lumen, 1997.

_____. "O mito como interpretação da realidade – Considerações sobre a função da linguagem de estrutura mítica do Pentateuco". *Ribla,* n. 23, 1996, p. 16-22. Petrópolis: Vozes.

_____. *Crear y amar en libertad.* Buenos Aires: La Aurora, 1986.

CUNHA, R.I.A. (org.). *Criação de um outro mundo possível –* Gen 1–11. São Leopoldo: Cebi, 2007.

DA SILVA, A. "Mitos e cosmologias indígenas no Brasil: breve introdução". In: GRUPIONI, L.D. (org.). *Índios no Brasil*. São Paulo: Secretaria Municipal de Cultura, 1992, p. 75-83.

DA SILVA, C.M.D. *Leia a Bíblia como literatura*. São Paulo: Loyola, 2007.

DE SOUZA, R.C. *Palavra parábola* – Uma aventura no mundo da linguagem. Aparecida: Santuário, 1990.

FARIA, J.F. *Apócrifos aberrantes, complementares e alternativos* – Poder e heresias! 2. ed. Petrópolis: Vozes, 2009.

_____. *As origens apócrifas do cristianismo* – Comentário aos evangelhos de Maria Madalena e Tomé. 2. ed. São Paulo: Paulinas, 2003.

_____. "O mito do dilúvio contado pelos maxacali, israelitas e babilônios – No conto, um projeto que salva a terra, água, animais e seres humanos". *Estudos bíblicos*, n. 68, 2000, p. 29-41. Petrópolis: Vozes.

_____. "Judaísmo e cristianismo: dois caminhos, duas culturas afins!" *Estudos Bíblicos*, 61, 1999, p. 54-55. Petrópolis: Vozes.

FERNÁNDEZ, M.P. *Los capítulos de Rabbí Eliezer*. Valência: Verbo Divino, 1984.

GIRARD, R. *A violência e o sagrado*. São Paulo: Paz e Terra/ Unesp, 1990.

KRAUSS, H.-K. *As origens* – Um estudo de Gênesis 1–11. São Paulo: Paulinas, 2007.

MALBRAN-LABAT, F. *Gilgamés*. Estella: Verbo Divino, 1983 [Documentos en torno a la Biblia, n. 7].

PEREIRA, N.C. "Jardim e poder – Império Persa e ideologia". *Hermenêuticas Bíblicas* – Contribuições ao I Congresso Brasileiro de Pesquisa Bíblica. São Leopoldo/Goiânia: Oikos/UCG, p. 123-124.

REIMER, H. "A serpente e o monoteísmo". *Hermenêuticas Bíblicas* – Contribuições ao I Congresso Brasileiro de Pesquisa Bíblica. São Leopoldo/Goiânia: Oikos/UCG, p. 119.

RODRIGUES, M.P. (org.). *Palavra de Deus, palavra da gente.* São Paulo: Paulus, 2004.

SANDARS, N.K. *A epopeia de Gilgamesh.* São Paulo: Martins Fontes, 1992.

SCHÖKEL, L.A. *Donde está tu hermano?* – Textos de fraternidad en el libro de Génesis. Estella: Verbo Divino, 1990.

SCHWANTES, M. *Projetos de esperança* – Meditações sobre Gênesis 1–11. Petrópolis: Vozes, 1989.

SELLIN, E. & FOHRER, G. *Introdução ao Antigo Testamento.* Vol. 1. São Paulo: Paulinas, 1978.

SEUX, M.-J. et al. *La creación del mundo y del hombre en los textos del Próximo Oriente Antiguo.* Estella: Verbo Divino, 1997 [Documentos en torno a la Biblia, n. 6].

WESTERMANN, C. *Genesis, 1* – Teil Band: Genesis 1-11, BK I/1. Neukirchen, 1976.